LE GÉNÉRAL DE TARTAS

ET

RÉCIT DE SES EXPÉDITIONS MILITAIRES

EN AFRIQUE

D'APRÈS SA CORRESPONDANCE ET D'APRÈS LE TÉMOIGNAGE DES
DOCUMENTS OFFICIELS

ET DE PLUSIEURS DE SES COMPAGNONS D'ARMES

DÉDIÉ A L'ARMÉE D'AFRIQUE

PAR

L'ABBÉ BARRÈRE

 CORRESPONDANT DU MINISTÈRE DE L'INSTRUCTION PUBLIQUE ET DES
CHAMBRES POUR LES TRAVAUX HISTORIQUES, ET DE LA SOCIÉTÉ
IMPÉRIALE DES ANTIQUAIRES DE FRANCE

Prix : 2 Francs

L'ouvrage sera envoyé immédiatement et *franco* contre un mandat de
2 fr. sur la poste, adressé directement à l'AUTEUR, à Agen
(**Lot - et - Garonne**) — *Affranchir*

PARIS	BORDEAUX
DENTU , LIBRAIRE-ÉDITEUR	CHAUMAS , LIBRAIRE
Palais-Royal, 13	Fossés du Chapeau-Rouge, 34
J. DUMAINE, LIBR.-ÉDITEUR	FÉRET FILS, LIBRAIRE
Rue et Passage Dauphine, 50	Fossés de l'Intendance, 15

1860

A L'ARMÉE D'AFRIQUE.

VÉTÉRANS ET SOLDATS.

Si le courage, si le génie militaire rendaient immortels, quelle innombrable pléiade d'officiers et de soldats ne verrions-nous pas perpétuellement briller sur la France et sur la vieille Numidie! Mais la victoire a beau écarter la mort qui plane quelquefois sur la tête des braves, tôt ou tard l'heure fatale sonne, et le héros qui a bravé tant de combats, affronté tant de périls, voit son manteau de guerre se changer en linceul : il descend dans la tombe pour se réveiller dans l'éternité.

Sans doute des héros succèdent à d'autres héros; mais ceux qui passent sont bientôt oubliés; et le bruit, et la renommée de leurs brillants faits d'armes, vien-

1

nent à leur tour se briser contre la pierre du tombeau. Quelques-uns plus fortunés voient, même avant la dernière heure, leurs noms et leurs hauts faits inscrits dans les fastes de la gloire; mais combien d'autres échappent à la plume distraite et quelquefois dédaigneuse des historiens ! Il est cependant bien de nobles exemples, bien des vertus guerrières qu'il serait bon de sauver de l'oubli, et de conserver pour la mémoire de la postérité.

Vétérans et Soldats, ce n'est pas la tâche d'un seul, ce n'est pas la tâche d'un prêtre, si étranger par son caractère et son éducation à l'art militaire et au maniement des armes. C'est un prêtre cependant qui prend la plume aujourd'hui pour essayer de faire revivre un de vos compagnons de guerre, moissonné à la vigueur de l'âge : celui qui s'est illustré par tant de glorieux combats, celui que Changarnier appelait le *héros de Kara-Mustapha* ; Bugeaud, le *Murat africain*.

N'allez pas pour cela m'accuser de témérité. En écrivant la biographie de TARTAS, j'accomplis un devoir d'amitié et de reconnaissance. Ce sentiment, je l'espère, suffira pour obtenir votre indulgence en faveur de mon travail. Vous comprendrez aisément que, dans les expéditions que je raconte, j'étais condamné par la nature même de mon sujet, à faire ressortir particulièrement l'action de notre héros. J'ai cité beaucoup de noms illustres, des noms plus grands que celui de Tartas, mais je n'ai pu les citer que dans les limites d'une biographie. Quelques-uns occupent déjà une place très-distinguée dans les monuments de l'histoire : je fais des vœux pour que les autres y trouvent bientôt la place qui leur appartient.

L'Abbé BARRÈRE.

LE GÉNÉRAL DE TARTAS

ET

RÉCIT DE SES EXPÉDITIONS MILITAIRES

EN AFRIQUE.

I

Ancêtres de M. *de* TARTAS; — Sa jeunesse, son éducation, ses
aspirations militaires; — Saumur, les adieux de Saint-
Germain; — Départ pour l'Afrique.

La robe et l'épée, la gloire civile et militaire
ont toujours été le noble apanage de la maison de
Tartas et de ses alliances, les maisons de Gerbous,
de Saint-Marc et de Poul. Sous les règnes de
Henri III et de Henri IV, Jean Tartas occupa plusieurs fois, dans la ville de Mézin, la charge consulaire, et fut honoré de diverses missions im-
portantes.

Cette famille, alors engagée dans les liens du
calvinisme, ne tarda pas à embrasser la foi catholique, et ses vertus religieuses vinrent encore
ajouter un nouvel éclat à sa valeur militaire. Elle
avait un goût prononcé pour les noms bibliques :
Izaac et Samuel viennent après Jean Tartas. Le

premier fut aussi honoré de la robe consulaire; Samuel embrassa la carrière des armes, et fit sa première campagne sous le maréchal de Boufflers. Dans celles de 1694 et 1697, il remplit avec honneur la charge de commissaire d'artillerie. Plus tard, Samuel Tartas fit l'expédition contre les Camisards qui troublaient les Cévennes, et passa en Espagne avec le duc de Berwich, que Louis XIV envoyait au secours de Philippe V.

De son mariage avec Isabeau de Gerbous, naquit Jean-Baptiste Tartas, qui marcha sur les traces de son père. Il fit ses premières armes sous le duc d'Havré, dans le régiment de la couronne, infanterie, et obtint le grade de lieutenant à la bataille de Fontenoy, où il combattit avec distinction et reçut une blessure grave. A cette bataille, il conquit aussi ses titres de noblesse qu'il légua à ses descendants, et porta désormais les brillantes qualifications d'écuyer et de seigneur de Conques. Cette seigneurie, il la reçut de M. de Saint-Marc avec la main de sa fille Agathe-Geneviève.[1]

Jean-Baptiste eut pour fils Guillaume de Tartas, qui fut successivement avocat au parlement de

[1] Par édit donné à Versailles, le 14 juin 1764, il était nommé gouverneur de la ville de Mézin, qui conservait encore ses tours et ses murailles, et fut installé le 27 juillet de la même année.

Bordeaux, sous-préfet de Nérac, député à l'assemblée législative, membre du conseil général de Lot-et-Garonne, et conseiller à la cour impériale d'Agen. Les souvenirs de ce magistrat sont encore vivants dans cette ville, où il était si connu par la noblesse de son caractère et de ses sentiments religieux, et dans la ville de Mézin, où ses bienfaits vivront autant que les bienfaits et la valeur de son fils.

Louis-Émile de Tartas naquit à Mézin de Guillaume de Tartas et de Suzanne-Dorothée de Poul de Labarthère, le 1er août 1796. J'ai peu de penchant pour les rapprochements singuliers; mais je ne puis m'empêcher de remarquer que le 1er août 1796, l'armée française était sur les rives du Mincio, en face de l'armée autrichienne, qui fuyait précipitamment devant Augereau. Les combats se continuent durant trois jours sur divers points. Par un trait hardi, Bonaparte, cerné dans Lonato avec une poignée de soldats, échappe à un grand danger, et fait poser les armes à 4,000 Autrichiens. Le lendemain, la bataille devient générale près de Castiglione. Vainement Wurmser s'abrite derrière Solférino; il est mis en pleine déroute et rejeté dans les montagnes du Tyrol. Après cette victoire, Bonaparte faisait sommer le roi de Sardaigne de sévir contre les bandes révolutionnaires, les guérillas, qui infestaient les montagnes du Piémont.

Je viens d'écrire une page de l'histoire contemporaine. La gloire qui éclaira le berceau d'Emile a brillé sur sa tombe. Les mêmes armes, les mêmes cris de guerre ont troublé les deux extrémités de sa vie, et son dernier soupir a retenti comme un écho de ses premiers vagissements.

L'enfance d'Emile de Tartas se développa sous l'influence guerrière du Consulat et de l'Empire, et son ardeur chevaleresque fut merveilleusement secondée au sein du foyer domestique. Son grand père maternel, M. de Poul de Labarthère, était aussi d'une noble race de guerriers ; il avait servi longtemps dans les gardes-du-corps du roi, et fut ensuite capitaine au régiment d'Allemagne, dans le second bataillon de Lot-et-Garonne. Il voulut contribuer à l'éducation militaire du jeune Emile : souvent il l'armait d'un petit fusil adapté à sa taille et le façonnait à l'exercice du soldat. « Vous serez un jour capitaine de dragons, lui disait Labarthère. — Non, répondait Tartas, je veux être officier de cavalerie. » Cette locution était plus en harmonie avec ses penchants hippiques. Tous les jours, en effet, on le voyait monter un cheval fougueux ou se cramponner à sa crinière.

Ce ne fut pas sans efforts qu'on put l'arracher
à ses goûts pour le contraindre à la discipline de
l'école. On le confia d'abord à M. Barrère, principal du collège de Mézin ; c'est là qu'il fit ses premières études et qu'il développa ses instincts
guerriers par des luttes enfantines où la victoire
lui décerna les premières couronnes. Sa vivacité na-
turelle, son caractère bouillonnant, sa constitution
robuste, l'agilité jointe à la vigueur de ses membres, tout s'unissait en lui pour seconder ses
combats innocents. Ainsi préludait, dès ses jeunes
années, le héros de Kara-Mustapha et de l'Isly.[1]

Ce qu'on aimait surtout dans le fils de Guillaume, c'est le contraste qu'il offrait, selon les
circonstances, de la bonté et de la sévérité, de la
force et de la douceur, de la fierté et de l'affabilité.
Tantôt calme, tantôt impétueux ; toujours aimant,
toujours serviable. Ces nobles qualités du cœur,
il les a conservées jusqu'à son dernier jour, et l'on
peut dire que durant toute sa vie il a conquis l'affection et l'estime de tous ceux qui ont pu le connaître.

Du collège de sa ville natale, Emile de Tartas
passa dans une pension de Bordeaux ; mais son

---

[1] L'Isly étant une rivière, comme la Moskova, je dirai, plus
tard, et c'est plus exact, la bataille de l'Isly, et non d'Isly,
comme on dit la bataille de la Moskova, et non de Moskova.

père ayant obtenu une place de conseiller à la
cour impériale d'Agen, il appela son fils auprès
de lui, et le confia au collége de cette ville, où il
obtint bientôt le grade de sergent : les colléges
étaient alors de véritables écoles militaires. Le costume, l'exercice, les manœuvres, rien n'y manquait, et le jeune Emile en sortit avec le grade de
sergent-major.

C'était en 1814, alors que le canon de Toulouse
venait d'annoncer les dernières convulsions de
l'Empire. Tartas avait atteint sa dix-huitième année, et il ne songea plus qu'à s'enrôler sous la ban-
nière des lis. Un de ses parents, le chevalier
d'Artès, chassé par la tourmente révolutionnaire,
avait suivi en Angleterre le général Mirau. Rentré
en France avec les Bourbons, il prit sous sa protection M. de Tartas, qui fut admis avec le grade
de lieutenant dans la troisième compagnie des gardes-du-corps, commandée par le duc de Noailles
(15 juillet 1814); Emile était au comble de ses
vœux; il voyait s'accomplir les aspirations de sa
première jeunesse.

Mais le colosse impérial venait de reparaître sur
le sol de la France, et Tartas retourne dans sa
patrie pour attendre les événements. Bientôt la
coalition s'avance menaçante : elle triomphe, et les

impérialistes tentent un dernier effort pour soutenir le César qui va disparaître sans retour.

La ville d'Agen fut alors en proie aux convulsions de l'anarchie. Le fils de Guillaume sentit de nouveau bouillonner son courage, et quand la perfidie britannique éclata dans l'hospitalité du *Bellérophon*, il alla reprendre les armes dans les chasseurs de l'Allier. Lieutenant en 1820, trois ans plus tard, il était nommé capitaine.

M. de Tartas était un brillant cavalier, d'un goût prononcé, d'une aptitude singulière pour les manœuvres hippiques. Aussi il ne tarda pas à passer, avec le grade de capitaine instructeur, à l'école de cavalerie de Saumur. « Ici, dit M. de Batz-Trenquelléon, l'individualité de Tartas prend un aspect beaucoup plus sérieux, sinon plus intéressant. Il ne se contente pas d'être un officier d'élite; il s'évertue à créer, pour les combats de l'avenir, une pépinière d'officiers destinés à porter haut comme lui le drapeau de la France, et à perpétuer le glorieux renom de notre cavalerie. On peut dire qu'à partir de ce moment, le rôle militaire de M. de Tartas devient national en devenant essentiellement utile. »

Le 23 juillet 1836, il entrait avec le grade de chef d'escadron dans le 13e régiment de chasseurs (devenu 7e lanciers). Deux ans se passent encore, et déjà l'on pouvait apprécier les services rendus à tant de cavaliers qui se couvraient de gloire dans les champs de l'Afrique. Tartas recueillait une part de ces lauriers : il était nommé chevalier de la Légion-d'Honneur. Cette distinction, qui fait toujours bondir le cœur du soldat, il ne la conquit pas, il est vrai, sur le champ de bataille ; mais les lauriers cueillis sur le sol africain avaient germé à Saumur, et fleuri sous l'influence du capitaine instructeur.

Toutefois, cette gloire ne pouvait suffire à une âme ardente comme celle d'Emile, et l'on peut dire que, deux ans encore, il la subit, loin de la caresser. Il m'en donna la preuve dans une visite que je lui faisais à Saint-Germain-en-Laye, en 1840. Il venait alors de passer au 6e régiment de hussards, avec le grade de lieutenant-colonel.

Je ne connaissais guère M. de Tartas ; je ne l'avais jamais vu de près. Il me connaissait moins encore. Il était au-dessus de mon âge, et nous avions embrassé une carrière, à certains égards, diamétralement opposée. Arrivé à Saint-Germain, j'appris que le colonel était au manége, donnant une leçon d'équitation au fils de je ne sais plus quel général. A peine je me présentai sur le seuil de la porte, j'entendis cette voix sortir d'un groupe d'officiers : « M. l'abbé Barrère ! — Comment me

reconnaissez-vous, colonel ? — Je vous reconnais
à votre air de famille et à l'air de mon pays. » Et
il vint me serrer la main et m'inviter à déjeuner.
La gaîté ne manqua pas à cet impromptu : elle était
la compagne inséparable des festins de Tartas.
Mais bientôt elle fit place à une conversation sérieuse.

En voyant briller sur sa poitrine la croix des
chevaliers, je me crus obligé de lui faire un com-
pliment. Il bondit alors sur son siége, et certainement j'étais décontenancé si je n'avais connu
toute l'ardeur de ses aspirations militaires. « Cette
croix, me dit-il, fait mon tourment, car je ne
sais pourquoi je la porte : je n'ai jamais vu le feu
de l'ennemi. Voilà vingt-cinq ans que je suis sous
les drapeaux, et je me vois condamné à me croiser
les bras, tandis que mes frères d'armes moisson-
nent des palmes sur le sol africain. Ce rôle,
voyez-vous, n'est pas le rôle des Tartas, et j'ai
fermement résolu d'y mettre un terme. J'irai
trouver le roi, s'il est nécessaire, et il faudra
bien que je sente la poudre... on ne veut pas
que j'aille m'ensevelir dans mes forêts du Mirail. »
Ici, je dirai bien, si l'on veut, que Tartas était
frémissant, que la table tremblait sous l'agitation
fiévreuse de ses membres; mais je ne rendrai
jamais l'éclair de ses yeux, la physionomie mou-

vante de son visage. C'était, comme un lion en-
chainé en face d'une proie qu'il dévore de son
regard.

Enfin, le calme était revenu dans cette âme
généreuse, et j'aurais voulu prolonger cet entretien qui venait de créer deux amis ; mais il fallut
songer au départ, et je ne sus me défendre d'un
sentiment de tristesse. « Qu'avez-vous donc, me
dit Emile ? » Et reprenant sa gaîté ordinaire :
« Attendez que la retraite sonne ; prouvez-moi
que vous êtes content de mon déjeuner, et venez
partager mon diner de ce soir. — Colonel, votre
hospitalité si franche et si généreuse m'a comblé
de joie, et cependant, je suis contraint de hâter
mes adieux. — Eh bien, puisqu'il le faut, adieu et
au revoir ! — Oui, mais ce revoir sera peut-être
bien long, et je vous donne le rendez-vous au
Ciel. Vous allez courir la chance des combats, et
l'ardeur de votre courage vous entraînera toujours
au plus fort du danger. Si Dieu ne vous couvre
de sa protection, je n'ai pas l'espérance de vous
revoir sur la terre. De mon côté, je vais affronter
les périls de la mer ; je vais tourner le théâtre de
vos combats et porter les lumières de l'Evangile
dans une île française de l'Océan indien. Vous
servirez la France, je servirai mon Dieu, et si
jamais, dans ma course lointaine, j'entends siffler

les balles ou gronder le canon, je prierai le Dieu
des batailles de vous donner la victoire et de vous
couvrir de son bouclier. — Merci, me dit-il, en
me serrant la main. Je ne suis pas trop dévot,
mais je compte sur le secours de vos bonnes
prières. »

Quelques jours après, plus religieux qu'il ne le
pensait, Emile recevait de ses sœurs une médaille
de la Vierge, qu'il a portée sur sa poitrine jusqu'à
son dernier jour, et il partait pour les camps,
avec le grade de lieutenant-colonel dans le 1er régiment de chasseurs d'Afrique. Presque, au même
jour, je m'embarquais sur la *Bellone*, et je voguais
vers l'Océan indien.

II

Hussein-Dey; — Brillant combat de Kara-Mustapha; — En avant
vaincre ou mourir! — Récit de Tartas sous la tente
du Gouverneur.

Tartas a tressailli, en voyant flotter sur les mina-
rets algériens le drapeau de la France. Son régiment était alors cantonné au grand quartier-général
de cavalerie, à Mustapha. Il y fut reçu avec
bonheur, et les paroles qu'il lui adressa à sa visite
de corps remplirent les soldats d'enthousiasme.
Dans huit jours, leur changement était sensible,

et en leur présence, le général, dans une revue passée au camp de Mustapha, adressait ses félicitations au nouvel officier.

Il y avait alors au camp de Hussein-Dey un régiment composé de divers escadrons que Tartas reçut ordre d'aller commander, en attendant leur licenciement, qui devait être prochain. A la première visite qu'il fit à ce corps hétérogène, il aperçut un cavalier d'une brillante physionomie, se tenant sur son cheval avec cette noble fierté qui commande l'attention. L'élève de Saumur avait reconnu son maître, mais il ne pensait pas que le maître reconnût son élève. Tartas le regarde. « C'est bien, Lamothe, tu viendras me trouver tout à l'heure, et nous causerons ensemble. » Lamothe ne manqua pas au rendez-vous, et il fut confondu de la bienveillance avec laquelle il y fut accueilli; car il avait eu quelque maille à partir avec son capitaine.

Le lendemain, Tartas reçut ordre de monter à cheval et d'aller pourchasser une centaine d'Arabes qui venaient parader sur les coteaux voisins. Il partit seulement avec un peloton, dans l'espérance que le petit nombre enhardirait l'ennemi et qu'il accepterait le combat. « Mais les coquins ne nous attendirent pas, écrivait-il à son frère. Ils eurent raison, car je crois que nous aurions emporté

quelques têtes. Tu vois, mon cher Eugène, qu'ici
les idées changent, et que pour ne pas laisser couper la sienne, il faut couper celle des autres. Terrible obligation sans doute, mais c'est ainsi qu'il
faut traiter ces barbares. »

Cette lettre, commencée le 2 septembre à Hussein-Dey, fut terminée le même jour à Mustapha,
où Tartas allait rejoindre son régiment du 1er
chasseurs. Mais le moment approchait où la *terrible obligation* allait recevoir son premier accomplissement ; il tardait au lieutenant-colonel de
montrer à ses frères d'armes, en face d'un ennemi
sérieux, l'officier des salons de Paris. C'est ainsi
qu'on appelait Emile depuis son arrivée en Afrique. On voulait le voir à l'œuvre, et savoir comment le brillant officier de Saumur, si renommé
pour les manœuvres théoriques, conduirait ses
escadrons sur le champ des combats.

Depuis le commencement de la guerre, Ben-Salem inquiétait constamment la plaine, et commençait à former une ligue qu'il était important
de dissoudre. Abd-el-Kader avait fait prêcher la
guerre sainte sur tous les points de l'Algérie soumis à sa domination, et la révolte s'était propagée
comme un incendie. Le camp de Kara-Mustapha
ne pouvait alors offrir qu'une faible barrière aux
entreprises de l'ennemi. Ses défenseurs, décimés

par la contagion, furent transportés au Fondouck.
Par cette retraite, le maréchal Vallée espéra que
les Arabes viendraient se ruer sur le camp dé-
laissé, et fournir aux Français l'occasion de les
combattre. Mais en abandonnant Kara-Mustapha,
on avait eu soin de laisser sous la garde de quelques soldats, un blockhaus en pierre sur la ligne
de l'Oued-Kaddara.

Le maréchal ne s'était pas trompé. A peine les
Français cheminaient vers le Fondouck, que déjà
le kalifa de l'émir, Ben-Salem, et le terrible Ben-
Omar, caïd des Issers, un des scheicks les plus
redoutables et les plus influents, se précipitent sur
le camp abandonné. Ils le font garder par un
poste, et vont placer leur infanterie sur les bords
du Boudouaou, entre le camp et la fontaine, et
sur le terrain qui environne le blockhaus.

Le 18 septembre, le gouverneur donne le
signal; les troupes s'ébranlent de leurs divers cantonnements, et sans tambour ni trompette, elles
se réunissent, le soir, à la Maison-Carrée. La colonne était composée de 550 zouaves, 280 tirailleurs, 270 hommes du 17e léger, deux escadrons
du 1er régiment de chasseurs d'Afrique, sous les
ordres du lieutenant-colonel Tartas, deux sec-
tions d'artillerie de montagne, et 30 sapeurs du
génie. Elle part vers huit heures du soir, sous le

commandement du général Changarnier. Après
deux heures de marche, toujours sans sonnerie,
elle abandonne la grande route et traverse le Hamis
à Benchory, pour tromper la vigilance des Arabes.

La nuit a voilé la marche des Français. Le lendemain, aux premières clartés du jour, la colonne
est aux pieds des collines de Kara-Mustapha. Par
ordre du général, Tartas tourne la colline, et, soutenu par un demi-bataillon de zouaves, il se dirige
vers la vallée du Boudouaou. Cependant Changarnier, avec le reste de ses troupes, prend la direction
du camp pour débusquer l'ennemi et le rejeter dans
la vallée. Cette manœuvre habilement conçue est
heureusement exécutée. Aux premiers coups de
fusil tirés par le poste arabe, Changarnier fait
sonner ia charge, et l'ennemi surpris par cette
course matinale se disperse en désordre. Il va se
rallier sur la rive droite du Boudouaou, sur un
terrain très-difficile, et presque impraticable à la
cavalerie. Ainsi vient de me l'écrire le maréchal de
Mac-Mahon, duc de Magenta, qui relève par là
même l'habileté et la bravoure du lieutenant-colonel. « Au combat de Kara-Mustapha, dont vous
me parlez, le commandant Tartas, qui avait sous
ses ordres deux escadrons de chasseurs d'Afrique,
et qui voyait l'ennemi pour la première fois,
montra une grande bravoure; il chargea à la tête

de ses escadrons, dans un terrain très-difficile et presque impraticable à la cavalerie. Il tua de sa main le chef arabe le plus influent, qui portait le nom de Ben-Omar..... »

Plus est grande la difficulté, et plus le courage du commandant s'enflamme. De son coup d'œil d'aigle, il a mesuré le danger, et déjà, à la tête de ses escadrons, il a franchi la rivière, et les clairons ont sonné la charge. L'ennemi est coupé en deux, et la mêlée devient affreuse. Celui qu'on croyait invincible, Ben-Omar, d'un côté, et de l'autre, Mustapha-ben-Abdallah, autre chef redoutable, s'élancent sur le commandant. Tartas bondit sur sa selle ; son sabre et ses regards lancent des éclairs. Il n'attend pas les orages qui fondent sur lui, il s'élance sur le premier adversaire et le perce de son sabre. Aussi prompt que la foudre, il retire son arme sanglante du sein de Ben-Omar, tourne son coursier, et, par un coup de revers, fait voler au loin la tête de Ben-Abdallah. Les deux lions du désert expirent à ses pieds. L'audace du vainqueur a passé dans ses deux escadrons, dont tous les coups portent la mort. Les cavaliers arabes sont foulés aux pieds de nos chevaux, sabrés et entièrement dispersés, laissant près de cent cinquante cadavres sur le champ du combat.

La victoire est complète, et le général sait bien à qui en revient le principal honneur. Il veut aussi que toute son armée le sache. Sur le champ de bataille, Changarnier va serrer la main de Tartas. « Permettez-moi, lui dit-il, de vous féliciter sur l'adresse et la force de votre bras, plus vigoureux encore que celui du fameux Ben-Omar et de son lieutenant. Deux à la fois, ce n'est pas trop pour vous, mais c'est assez. » Changarnier ne s'arrête pas là. Dans son rapport sur cette journée, il termine en disant que l'intrépide Tartas en a été le héros; et il le propose pour la décoration d'officier de la Légion-d'Honneur.

Cette victoire courut d'un bout à l'autre de l'Algérie, elle traversa la mer, et le journal de Toulon en porta la nouvelle dans tous les coins de la France; elle traversa d'autres océans; la brise me la porta jusqu'à l'île Bourbon, en face de Madagascar, où elle vint réveiller mes souvenirs et mes appréhensions de Saint-Germain-en-Laye. Mézin en entendit les premiers échos, et par l'organe de M. Hector Depère, l'ami et l'ancien compagnon d'armes d'Emile, ses habitants firent aussi adresser leurs félicitations au héros de Kara-Mustapha.

Les éloges de Changarnier avaient sans doute causé une joie bien vive au lieutenant-colonel,

mais sa joie fut au comble quand le premier courrier lui porta les éloges et les encouragements de
la patrie. Sur l'heure, Tartas répond à son ami et
le conjure de remercier en son nom les braves
Mézinois. « J'espère, ajoute-t-il, à chaque occasion, justifier la bonne opinion qu'ils ont de moi.
Je leur prouverai que les Mézinois ne reculent
jamais sur un champ de bataille, et que leur devise sera toujours : En avant ! vaincre ou mourir ! »
C'est le patriotisme du berceau, qui fut toujours
pour Tartas un culte véritable, et qui eut pour son
cœur encore plus de charmes que le patriotisme
national. Frappé d'un trait qui ne lui était pas
destiné, le compagnon d'Evandre, Anthor ne pense
pas à la Grèce, mais son dernier, mais son plus
tendre souvenir est aussi pour la patrie du berceau :

            .... *Et dulces moriens reminiscitur Argos.*

Le lieutenant-colonel a maintenant un autre
devoir à remplir. Il sait bien tout ce qu'il peut
attendre de la vigueur de son bras, mais il se demande comment il a pu triompher de deux bras
aussi vigoureux que le sien ! Et je ne parle pas de
ce troisième cavalier qui venait au secours de Ben-
Abdallah, quand Ben-Omar tomba baigné dans son
sang ; de ce cavalier qui, voyant tomber aussi

l'autre chef, abandonna son coursier sur le champ du combat, et glissa dans un ravin profond pour échapper aux coups du terrible vainqueur. Tartas n'est pas superstitieux, mais, comme je l'ai déjà dit, il est plus religieux qu'il ne le croyait, et il écrit à ses sœurs : « C'est comme par miracle que j'ai échappé à une mort certaine. C'est sans doute cette médaille que vous avez placée sur ma poitrine à mon départ de Mézin, et qui y restera jusqu'à ma dernière heure, qui m'a donné la force de pourfendre mes ennemis. »

Après avoir immolé les redoutables Kabyles, Tartas n'attendait plus que le moment de se venger de ses propres amis, de ses compagnons d'armes ; car les railleuses épithètes de *Gascon* et d'*officier des salons de Paris*, avaient murmuré, quoique plus doucement, à la solennelle réunion de la Maison-Carrée. Le gouverneur ne tarda pas à lui fournir l'occasion de cette noble vengeance. Il l'invita à sa table avec son état-major. Et quand tous les convives furent réunis : — « Eh bien ! Messieurs, leur dit-il, que pensez-vous maintenant de l'officier des salons de Paris ? Il est Gascon, c'est vrai ; il parle beaucoup, c'est encore vrai ; mais au moins il fait ce qu'il dit ; et s'il faut vous manifester toute ma pensée, je le préfère à ceux qui ne disent rien et qui ne font pas davantage. »

C'était assez, et Tartas était noblement vengé. Cependant le gouverneur l'invite à raconter lui-même son combat contre les scheiks. A son tour, le colonel prend d'abord le ton sarcastique, et s'excuse comme s'il s'agissait d'une action des plus ordinaires. « C'est bien, lui dit le gouverneur, nous comprenons ; mais racontez-nous votre fait d'armes, et laissez-nous le soin de l'apprécier. » Tartas n'en voulait pas davantage, et avec sa verve et sa franchise gasconne, il commence le récit. A mesure qu'il le déroule, sa voix devient plus ferme et plus accentuée, son regard s'enflamme, ses bras s'agitent comme si Ben-Omar était là sous les coups de son sabre. Tartas, sur le sol africain et sous la tente du gouverneur, semble ajouter un épisode au récit d'Enée devant la reine de Carthage.

III

Le café de la mère Gaspard, à Bouffarick ; — Expédition chez les Beni-SSâda ; — Lettre de Tartas ; — Expédition de Médéah et de Milianah ; — Combats ; — Tartas et Patrocle ; — Seconde lettre.

Après la brillante expédition de Kara-Mustapha, le lieutenant-colonel alla se reposer quelque temps à Bouffarick. La ville était pourtant très-malsaine, et plus d'une fois elle avait dévoré sa population. Mais la constitution robuste de Tartas ne s'effrayait pas de ces dangers, et il s'en allait tranquillement lire la gazette au café de la mère Gaspard, la célèbre héroïne de l'armée d'Afrique, la nouvelle Rébecca d'Horace Vernet. En échange d'un verre d'eau, le grand artiste, le peintre des batailles avait donné à la mère Gaspard, pour la décoration de son hôtel et de son café, de magnifiques gravures d'après ses tableaux. C'est là que notre guerrier put lire le *Toulonnais*, et il fut heureux en voyant que la correspondance algérienne avait noblement raconté son premier fait d'armes, « épisode, ajoutait le correspondant, bien digne de prendre place dans les *Victoires et Conquêtes*, et dont l'intrépide Tartas a été le héros. » En lisant ces paroles, Emile jette un regard sur les gravures d'Horace Vernet, et faisant le tour de la salle, il marque la place où il pourra se retrouver un jour. Il ne se trompait pas. Un jour, une gravure nouvelle venait prendre rang à la place indiquée : elle représentait la bataille de l'Isly, toujours d'après le grand artiste. Tartas put facilement s'y reconnaitre, car il avait posé comme sur le champ de bataille devant la palette d'Horace Vernet.

Cependant, il était revenu, avant la fin de l'année, reprendre son cantonnement à Mustapha, et déjà il avait reçu des mains du maréchal Valée la croix d'officier de la Légion-d'Honneur. L'année

suivante s'ouvrait par une expédition chez les
Beni-SSàda, les Zerouëla, les Beni-Seghin, autant
de tribus insoumises. Le *Moniteur* n'en donna
que les beaux côtés : elle avait produit les plus
heureux résultats ; déjà près de trente familles
s'étaient rendues à la Maison-Carrée, venant demander grâce et protection ; et si Ben-Salem n'avait
fait garder toutes les issues, toutes les populations
de ces contrées seraient venues sous la protection
des Français. « C'est en frappant ainsi, de temps à
autre et à propos, ajoute le *Moniteur algérien*,
quelques coups vigoureux, que l'on parviendra à
détacher de la cause d'Abd-el-Kader le plus grand
nombre de tribus qui n'aspirent qu'au moment
de reprendre avec nous leur commerce et leurs
relations. » Voici maintenant comment M. de Tartas présente en quelques mots le vrai tableau de
cette expédition, dans une lettre à son frère Eugène :

« Ce n'est pas ici une guerre en Allemagne, où
l'on trouve ce qui est nécessaire ; en Afrique, il
faut tout apporter avec soi, ou mourir de faim,
ou avoir la tête tranchée. On ne peut se faire, en
Europe, une idée juste de cette guerre. Dans la
dernière razzia du 27 au 28 janvier, nous sommes
restés dix-sept heures à cheval, sans nous arrêter
que quelques minutes. Il fallait voir, au retour,

cette malheureuse infanterie semant les hommes à chaque pas ! le général obligé de détacher un escadron du régiment à l'arrière-garde pour ramasser les traînards et forcer tout le monde à serrer ! Partis le 27, à quatre heures du soir, nous ne sommes rentrés que le 28, à onze heures du soir, laissant un régiment en entier à la ferme Vialard,[1] — car il lui était impossible d'aller plus loin, — plus un bataillon pour garder les prisonniers et le butin, montant à 1,500 moutons, 500 bœufs, 4 chameaux et quelques mulets. Le scheik d'une tribu, pris les armes à la main, a eu la tête tranchée. C'était un homme de cinquante-cinq à soixante ans, très-vigoureux, et qui certainement avait coupé plus d'une tête dans sa vie. Son tour était venu, il n'a pas été manqué.

« Vous êtes dans l'erreur, ajoutait Tartas, en croyant que la France est disposée à faire des concessions à cette infâme Angleterre ! Une dépêche télégraphique a déjà devancé le nouveau gouverneur, qui est homme, soyez-en convaincu, à faire payer cher à M. Abd-el-Kader son traité de la Tafna. Qui vivra verra.... Je dîne, ce soir, chez l'amiral Bougainville, et mercredi, chez Monseigneur, à la superbe habitation de Mustapha. Mon-

---

[1] Le baron *A. Vialard* était président de la Société coloniale. Sa ferme était située à Beni-Moussa.

seigneur Dupuch doit me donner un chapelet
béni par lui-même, que j'adresse à Octavie. Il n'en
donne pas à tout le monde, et c'est lui-même qui
l'a destiné à une de mes sœurs : c'est une précieuse relique. »

M. de Tartas était loin d'écrire pour se faire
imprimer : il laissait courir sa plume au gré de
son cœur et de sa trempe militaire. Aussi, dans
sa correspondance, il se révèle tel qu'il est, et non
avec ces sentiments fardés que décèlent toujours
les écrits timides et compassés. Il parle de l'expédition chez les Beni-SSâda, il dit ce qu'il en pense ;
il caractérise l'Angleterre comme il la connaît ; il
parle en guerrier d'une tête tranchée, d'un chapelet en chrétien ! Je ne reviendrai pas sur les relations d'Emile avec Mgr Dupuch sur le sol africain :
nous les retrouverons ensemble à la fin de cette
biographie historique.

Mais avant d'aller plus loin, et pour mieux faire
ressortir le caractère de celui dont je dessine les
traits, je vais transcrire ici, dans toute sa naïveté,
le *post-scriptum* qui termine sa lettre :

« Je suis enchanté de ce que tu me dis des
travaux de François. A mon premier congé, dont
je ne puis préciser l'époque, j'espère trouver tout
amélioré, et, comme toujours, faire des compli-
ments au brave François. »

François était l'intendant, ou, pour parler plus simplement, l'homme d'affaires du Mirail, de cette charmante habitation de campagne, de cette riche propriété que M. de Tartas avait reçue de l'héritage paternel. François en dirigeait les travaux, il y travaillait lui-même, il l'embellissait, il l'enrichissait, sans autre préoccupation que celle d'être utile et agréable à son maître. De son côté, comme nous venons de le voir et comme nous le verrons mieux par la suite, son maître ne l'oubliait pas au milieu des camps. Le Mirail était l'idole de Tartas, François Samaran ne pouvait manquer d'avoir part à son culte. On le comprendra mieux encore quand je ferai connaître cet enfant du malheur. — Reprenons maintenant les courses militaires de notre vaillant soldat.

Depuis le mois de février 1841, M. Bugeaud avait remplacé le maréchal Valée dans le gouvernement de l'Algérie. Ce fut lui-même qui voulut diriger deux grands convois destinés pour le ravitaillement de Médéah et de Milianah. Les ducs de Nemours et d'Aumale faisaient partie de cette grande expédition. Elle partit de Blidah le 27 avril, et le même soir elle établissait son bivouac au col de Mouzaya, si célèbre par tant de combats, tant de victoires et tant d'infortunes. Mais la veille, le gouverneur avait fait occuper le défilé par le géné-

ral Baraguay-d'Hilliers. Le 29, le convoi de Médéah
était introduit dans la place sans coup férir.

Le même jour, l'expédition se remit en marche,
et, en entrant dans le bois des Oliviers, elle fut
harcelée par une nuée de Kabyles, que mit en
pleine déroute un demi-bataillon de zouaves,
conduit par le brave colonel Cavaignac. Le 2 mai,
à peine arrivés devant la gorge qui remonte vers
Milianah, on aperçut de l'autre côté la plaine inondée de cavaliers arabes. En un clin d'œil, les deux
ailes de l'infanterie s'échelonnent sur les deux
flancs de la gorge pour protéger le convoi. La
colonne de gauche s'étant trop écartée sur les crêtes, fut assaillie par un ennemi sérieux. Une
compagnie de zouaves, un instant enveloppée,
eut à soutenir un combat inégal, mais elle fut
dégagée par une charge vigoureuse, et hardiment
conduite par le commandant Saint-Arnaud. Avant
la fin du jour, le convoi avait pénétré dans Milianah, et 2,000 Kabyles, ayant fait mine de s'y
opposer, furent rejetés dans les ravins d'où ils
étaient sortis.

Cependant le gros de l'armée était resté aux environs de la place, observant l'ennemi, qui gar-
nissait les infranchissables montagnes du Zaccar.
Le gouverneur espéra attirer l'ennemi par une
retraite simulée, et toutes les dispositions furent

prises dans cette vue pour le lendemain. Le colonel Bedeau fut envoyé, pendant la nuit, à Milianah, avec deux bataillons du 17e léger, afin de
prendre l'ennemi par derrière quand il serait
engagé avec les Français.

Le lendemain, aux premières lueurs du crépus-
cule, le gouverneur fit éloigner son drapeau et
sonner la retraite pour ses tirailleurs, aux approches des Arabes qui descendaient la montagne en
deux colonnes serrées. Mais les Arabes n'avançaient
qu'avec défiance, ou méditaient quelque manœuvre inattendue. On le comprit trop tard, et une
forte colonne, filant à couvert par un ravin, surprit le centre et la gauche des Français, commandés par le duc de Nemours. Ceux-ci répondirent
par une charge au pas de course, suivis par trois
autres bataillons qui ne purent contenir l'ardeur
qui les entraînait. Le gouverneur lui-même,
voyant ses plans déconcertés, lança le bataillon
du 26e qu'il ne pouvait retenir, et jeta les gendarmes maures et deux escadrons de chasseurs sur
les derrières de l'ennemi. Ainsi abordés plus tôt
qu'on ne l'aurait voulu, les Kabyles eurent le loi-
sir de ménager leur retraite, le colonel Bedeau
n'ayant pu arriver à temps pour la couper. Empê-
chée par les ravins inabordables, la cavalerie
coupa seulement quelques centaines de Kabyles

qui restèrent sur le champ de bataille ; Tartas eut sa part dans cette journée ; mais d'autres lauriers l'attendaient sous les murs de Milianah.

Le 4 mai, au point du jour, la colonne expéditionnaire déboucha dans la plaine, poursuivant la nombreuse cavalerie d'Abd-el-Kader. Elle traversa le Chéliff et campa sur la rive gauche.

Le lendemain, à trois heures du matin, on remonta les rives du fleuve, et Abd-el-Kader, qui n'avait pas moins de trois à quatre mille cavaliers auxiliaires, sans compter ses troupes d'élite, fut contraint d'accepter le combat. L'ennemi, abordé par les petits détachements des gendarmes français et des gendarmes maures, opposa une vive résistance. Tartas arrive alors à la tête de son régiment de chasseurs, avec son colonel Korte, et la mêlée devient générale. Les Arabes sont mis en déroute et poursuivis l'épée aux reins pendant une heure et demie. Mais les rouges,[1] ou les réguliers d'Abd-el-Kader, offrent quelque résistance. Tartas les charge à la tête du deuxième escadron, et sème la mort sur son passage. L'un des gardes de l'émir tombe sous les coups de son sabre ; il en rencontre un second et lui brûle la cervelle d'un coup de pistolet.

---

[1] Ils étaient ainsi appelés à cause de la couleur de leur vêtement.

Ici se passe une scène vraiment homérique. Après avoir immolé Patrocle qui combattait sous les armes d'Achille, Hector le dépouille de son armure pour s'en revêtir, et revole au combat en poussant des cris terribles. Ainsi le héros gascon dépouille de leurs magnifiques burnous les Kabyles qu'il vient d'immoler; il revêt le premier de ces vêtements et donne l'autre à un de ses compagnons d'armes. Sous l'armure du fils de Pélée, Hector enflamme les Troyens : « Que vous rencontriez le salut ou la mort, vous devez toujours opposer le front à l'ennemi.[1] » Tartas, revêtu des dépouilles des Kabyles, exhorte les siens par ces paroles qui seront sa devise : En avant! vaincre ou mourir! Il poursuit les fuyards dans la plaine et fait un grand nombre de prisonniers. Parmi ces derniers, se trouve la femme d'un marabout immolé sous les coups des chasseurs. Son père, vieux guerrier, essaie à la fois de venger la mort de son gendre et de préserver sa fille de la captivité ; il tombe lui-même baigné dans son sang. La jeune Arabe avait encore un frère qui prit une résolution désespérée. Il crut ne pouvoir sauver sa sœur que par la mort, et lui tira presque à bout portant un coup de pistolet. Heureusement le coup ne fut pas mortel, et le frère et la

[1] *Homère*, Iliade, chant 17e.

2.

sœur furent au nombre des prisonniers amenés
par Tartas. La correspondance algérienne, qui a
fait connaitre ces détails, ajoute que la noble musulmane arriva à Alger revêtue d'un long burnous noir, et qu'elle fut au nombre des prisonniers échangés , quelques jours après , par l'en-
tremise de Mᵍʳ Dupuch.

Après le combat, le gouverneur, témoin de la
valeur et de la brillante charge de Tartas, s'approcha de lui et lui serra affectueusement la main.
D'un autre côté, son adjudant-major, M. Duhesme, avoua que depuis six ans qu'il était en Afrique, il n'avait pas vu de charge si bien conduite.

Tartas ne pouvait manquer d'écrire à son ami le
succès de cette journée, que Bugeaud, dans son
rapport, appela la journée de la cavalerie. Voici
dans quels termes le vainqueur écrivait à M. Hector
Depère :

« Je reviens, mon cher ami, à cet Emir qui
s'était flatté d'anéantir l'armée française tout entière
sous les murs de Milianah. Sa supériorité numérique devait, je le conçois, lui donner cet espoir.
Mais sa belle cavalerie, ses Kabyles, ses bataillons
réguliers ont fui lâchement, abandonnant morts,
blessés, butin, et même leurs femmes, abandon
pour eux déshonorant. Cette garde de l'Emir, derrière laquelle il a toujours soin de se placer, fuyait

à toutes jambes devant nos braves escadrons de
chasseurs, mais pas assez vite cependant pour ne
pas nous permettre de les sabrer vigoureusement.
Ce jour-là, mon cher Hector, je marchais à la tête
du 2ᵉ escadron de mon régiment, que j'ai conduit
à la charge, ayant à mes côtés le brave adjudant-
major Duhesme, fils du fameux lieutenant-général de ce nom, et qui a été cité dans le rapport du
gouverneur au ministre de la guerre. Eugène aurait voulu que l'on citât, dans les journaux, les
deux Arabes auxquels j'ai fait mordre la poussière.
On ne croit pas devoir le faire pour les officiers
supérieurs, à moins que ce ne soit un fait d'armes
comme le premier, où j'eus, dans la charge, à
lutter corps à corps contre deux adversaires famés
dans le pays, et chefs de plusieurs tribus.

« Tu vois souvent, je pense, nos bons amis de
Carboste ; j'espère que vous ne m'oubliez pas, car
ce serait payer d'ingratitude celui qui, sous ce climat brûlant, en face de l'ennemi et au milieu du
sifflement des balles, pense si souvent à vous
tous. »

Tartas avait commencé cette lettre le 10 juillet,
au grand quartier-général de Mustapha. Il fut
obligé de l'interrompre par le départ précipité de
M. de Carayon-Latour, fils du receveur-général de
Bordeaux, et maréchal des logis dans le 1ᵉʳ régi-

ment de chasseurs d'Afrique. Il la continue le 14, et apprend à son ami que le gouverneur, pour le récompenser de sa belle conduite à Milianah, vient de le porter pour le grade de colonel. Avant d'écrire cette lettre, Tartas avait déjà fait une autre expédition que je dois raconter.

IV

Expédition et destruction de Boghar & de Thaza; — Une messe militaire; — Lettre de Tartas.

Abd-el-Kader était un étrange adversaire. Digne émule de Jugurtha, il avait trouvé le secret, comme l'implacable ennemi des Romains, de fatiguer les Français par de continuelles escarmouches, sans jamais leur livrer des batailles, ne les acceptant même pas, à moins d'y être contraint. On le trouvait partout, et il n'était nulle part, se retranchant, à l'occasion, derrière ses forteresses, qu'il avait établies aux confins du Tell. C'est là qu'il allait s'approvisionner d'habits, d'armes et d'autres munitions de guerre, et c'est là aussi, dans le cœur même de sa puissance, qu'il était important de l'atteindre. Le 18 mai, le gouverneur partait de Mostaganem pour aller détruire Takdempt, tandis que, le même jour, le général comte Baraguay-d'Hilliers partait de Blidah pour aller détruire

Boghar, Ksar-el-Boghari et Thaza. La colonne
était forte d'environ 9,000 hommes, y compris
1,100 chevaux. Tartas s'y trouvait à la tête de son
1er régiment de chasseurs. Le général qui, dans
l'expédition précédente, avait occupé le Téniah, ou
col de Mousaya, comprenant l'utilité de cette manœuvre, l'avait aussi fait occuper, la veille, par
quatre bataillons sous les ordres du général Changarnier. La colonne expéditionnaire alla camper
à cette gorge, le soir du même jour, et le lendemain, après une marche pénible, et par une chaleur accablante, on arrivait à Médéah. Comme la
division comptait déjà des trainards, on fit séjour
dans cette place.

Le 20, par ordre du général en chef, on vit, au
point du jour, des soldats s'agiter avec animation.
Les uns portaient des cordes, les autres de grandes
toiles, ceux-ci des branches d'olivier. Bientôt une
grande tente fut dressée en plein air ; au centre de
la tente, quelques tambours, rangés avec ordre,
sur lesquels venaient s'incliner les drapeaux des
régiments. Sur le tambour du milieu, un jeune
homme, vêtu de noir, vient déposer une pierre
mystérieuse, et autour de la pierre, d'autres objets
non moins mystérieux. Quand les apprêts sont
terminés, les clairons sonnent, les tambours battent le rappel. Les généraux et leur état-major

viennent se ranger sous la tente, près de la robe noire. L'armée tout entière vient ensuite autour de l'état-major former un immense carré. Le moment solennel est arrivé ; un signal a commandé le silence ; le jeune prêtre, que l'armée voyait dans les camps pour la première fois, s'approche de l'autel improvisé, et commence l'auguste sacrifice : C'était le jour de l'Ascension. Deux zouaves sont à côté de lui. Ces démons des combats sont redevenus enfants de chœur et répondent au prêtre. C'était déjà vraiment magnifique, mais ce fut un beau et dramatique spectacle, celui où les tambours, battant aux champs, firent courber les fronts de tous ces soldats, chrétiens, juifs et musulmans. Tous comprirent alors que le Dieu des armées descendait du ciel pour bénir les drapeaux de la France.

Dans son rapport sur cette expédition, le général en chef ne manqua pas de signaler cette imposante cérémonie, et de la considérer comme d'un excellent effet sur les populations africaines. Bien des cœurs français furent aussi saisis d'émotion ; j'ai déjà nommé celui qui était réchauffé par la médaille de la Vierge.[1]

[1] L'abbé *G'Stalter*, alors curé de Mostaganem, fut aussi admis à suivre, en qualité d'aumônier, l'expédition de Tagdempt. Il est cité avec beaucoup d'éloges dans le rapport du

Le 21, on prit la route de Boghar, par les crêtes des montagnes, pour conserver sur l'ennemi l'avantage de la position. Après cinq heures de marche, la division arriva au col de Keftiour, d'où, par une très-belle route, elle descendit à la fontaine de Béroughia, ancien poste romain dont les débris trahissaient l'origine et l'antiquité.

Le lendemain, la division entra dans la gorge de Souigha, où elle reçut, sans s'émouvoir, quelques coups de fusil; elle pénétra dans la vallée de l'Oued-el-Hackum, que l'on suivit jusqu'au Chéliff. Il fallut tourner à droite et longer les montagnes qui séparent cette vallée du désert. La colonne eut alors à essuyer l'insolence de cavaliers arabes assez nombreux, qui descendirent de ces montagnes et vinrent tirailler sur l'arrière-garde. On passa la nuit dans un marabout sur les bords arides de l'Oued-Hackum.

Le 23, à quatre heures du matin, les tambours battent la diane et les clairons sonnent la marche. La division pénètre dans la vallée du Chéliff, aux pâles reflets d'une clarté sanglante, qui s'élève dans la direction du désert. C'étaient les derniers feux d'un vaste incendie, et bientôt l'horizon fut obs-

gouverneur. Malheureusement, le rapport de Baraguay-d'Hilliers ne nomme pas l'ecclésiastique qui célébra le saint-sacrifice à Médéah.

curci par une épaisse et noire fumée. On avançait avec précaution, lorsque enfin la fumée s'étant éclaircie, laissa voir les murailles crénelées de Boghar. Cette forteresse était imprenable pour des Arabes, mais le nouveau moskovite, Abd-el-Kader, désespérant de la défendre contre les Français, voulut au moins leur arracher cette proie en la livrant aux flammes. Ksar-el-Boghari n'avait pas eu le même sort, mais les habitants avaient fui à l'approche de nos bataillons. On y trouva des laines considérables et des métiers nombreux, qui fournissaient l'habillement des réguliers d'El-Berkani, et approvisionnaient les tribus voisines. La ville fut livrée aux flammes, et les bois de ses maisons servirent à alimenter les feux du bivouac. Boghar, ce boulevard que l'émir avait cru inaccessible aux Français, croula sous les efforts du génie; la mine et la pioche eurent raison de ce que les flammes avaient épargné.

La colonne venait de traverser une région desséchée, n'ayant pour se désaltérer que les eaux saumâtres de l'Oued-Hackum, et les maladies commencèrent à se manifester. Elles se propagèrent davantage quand un brouillard rougeâtre, qui déroba les cimes de l'Atlas, annonça les vents du désert. Le ciel fut bientôt obscurci par des tourbillons d'une poussière brûlante. La chaleur était intolérable. Mais le vent s'apaise, les tourbillons disparaissent, et la pluie tombe par torrents.

Le lendemain, on va camper sur l'Oued-el-Ach-man, qui coule entre Boghar et Thaza. Les touf-fes de tamarin qui ombragent cette rivière offrent un aliment pour les feux de la nuit et pour cuire les rations. Rangés autour de la marmite, au milieu des causeries du bivouac, ces pauvres soldats, exténués, oubliaient leur fatigue. Déjà ils allaient s'abandonner aux douceurs du sommeil, quand tout à coup éclate un orage plus effroyable encore que celui de la veille, et retentit jusqu'aux profondeurs du désert. L'abattement succède à la joie. La nuit sans sommeil, sous une pluie torrentielle, est mille fois plus accablante qu'une journée de manœuvres et de dangers sur un champ de bataille.

La marche du 25, comme celle du 23, fut éclairée par les lueurs d'un vaste incendie. Thaza, un autre boulevard d'Abd-el-Kader, sa principale forteresse, Thaza où l'émir, après la prise de Milianah, avait transporté tous ses dépôts, toutes ses ressources, Thaza était livrée aux flammes par un ennemi impuissant à la défendre. Mieux construite que celle de Boghar, la forteresse avait résisté à l'incendie; elle croula aussi sous la mine et sous la pioche de nos soldats. On recueillit seu-

lement une plaque de marbre qui était au-dessus
de la porte de la citadelle, et qui fut envoyée à
Paris, où on la voit encore parmi les trophées de
nos conquêtes. Elle portait une inscription arabe,
dont voici la traduction :

« BÉNÉDICTIONS ET FAVEURS SUR L'ENVOYÉ DE DIEU.

« LOUANGES A DIEU.

« Cette ville de Thaza a été construite et peuplée
par le prince des croyants, notre seigneur El-
hadj-Abd-el-Kader; que Dieu le rende victorieux !
Lors de son entrée, il a rendu témoignage à Dieu
de ses œuvres et de ses pensées, et alors il a dit :
Dieu m'est témoin que cette œuvre m'appartient
et que la postérité m'en conservera le souvenir.
Tous ceux qui se rapprocheront de moi et qui ap-
paraîtront sur nos terres prospères, recherchant
avec empressement la paix et la tranquillité, trou-
veront après moi et jusqu'à l'éternité l'exemple de
mes bonnes œuvres et de mes bienfaits. »

La destruction de Thaza dura deux jours, pendant lesquels l'armée eut à supporter un vent glacial, qui augmenta encore les maladies. Ce changement de température était meurtrier. On repartit le 27, et ce ne fut qu'après dix-neuf heures
d'une marche très-pénible qu'on déboucha dans la

vallée du Chéliff, après avoir brûlé quelques habitations des montagnards hostiles. Le 28, Tartas, avec son régiment, est envoyé pour protéger la retraite du 4e chasseurs, qui s'était un peu aventuré dans l'espérance d'une razzia. Il y eut à peine quelques coups de sabre, quelques coups de fusil échangés. On ramena une centaine de bœufs ou de moutons, dont les grillades, sur les bords du Chéliff, vinrent tempérer les fatigues de ces longues marches dans la province de Tittery. On était alors en face de Milianah, et quand, le lendemain, on eût transporté dans cette place les malades qui ne pouvaient plus supporter le transport sur les cacolets, on prit la direction de Blidah. Toute la division y fut réunie le 2 juin, sans autre incident que quelques escarmouches au col de Mouzaya.

D'après le rapport du gouverneur, un aliment manqua à cette expédition : les combats. Presque partout, les populations étaient indifférentes au drame qui se développait devant elles. Le duc d'Aumale y partagea toutes les misères du soldat. Tartas n'y fut pas plus heureux, car il put à peine y donner quelques coups de sabre. Le reste l'inquiétait peu ; et d'ailleurs, il trouva dans cette expédition un certain charme inconnu à tous les autres. Plus d'une fois, en effet, il se crut transporté dans ses forêts du Mirail. Arrivé à Blidah seulement depuis quatre jours, qui déjà lui paraissaient bien longs, il écrivait à son frère Eugène :

« Il me semble que je suis bien en retard dans notre correspondance; mais tu ne m'en voudras pas, si tu songes à toutes les occupations qui nous obsèdent lorsque nous rentrons dans l'état de paix, beaucoup plus insipide que les expéditions, qui ne fatiguent que le corps, pour les hommes dont le moral est bien trempé.

« Nous venons de faire plusieurs expéditions, les deux premières orageuses, mais l'intéressante est celle-ci, puisque nous venons de traverser un pays inconnu aux Français. J'ai vu dans cette course les plus beaux *surriers* (arbres à liége) du monde! Ils portaient à l'étonnement comme beaux arbres; songe ce qu'ils devaient être pour moi, amateur et propriétaire. Les Arabes mettent le feu à ces forêts pour extraire l'écorce et en faire des ruches à miel ; j'ai vu cependant quelques-uns de ces arbres écorcés à notre manière... .

« Les établissements d'Abd-el-Kader ont été détruits : coup terrible porté au moral des Arabes, si l'on juge par le peu de ténacité qu'ils ont mis à nous poursuivre. Les nombreux déserteurs nous ont bien dit que les populations étaient fatiguées de la guerre, et que, sans la crainte des réguliers d'Abd-el-Kader, leur soumission serait bientôt faite, n'ayant à gagner dans cette lutte que la misère et la mort.

« Voilà une troisième expédition de terminée, où nous nous sommes contentés de brûler les habitations ; maintenant cette quatrième va être employée à batailler et à brûler les moissons, si les Arabes ne veulent se soumettre. Nous allons voir ce qui va se passer. L'expédition sera chaude, si ce n'est par le feu de l'ennemi, du moins par celui qui nous viendra d'en haut, plus terrible que le premier....[1] Je suis dans une bonne passe ; déjà le plus ancien lieutenant-colonel des quatre régiments, et le seul officier de la Légion-d'Honneur. A la première mouche qui piquera, il faudra bien qu'il surgisse quelque chose de bon. »

V

Expédition de Médéah ; — Une énigme cachée sous les *Figures homériques* de M. *Louis* Veuillot ; — Révélations du savant publiciste.

Il y a quelques jours, quand j'étais en quête pour recueillir les divers éléments qui devaient composer mon travail, je me trouvais à Bordeaux, auprès de M. André Thevet, ancien compagnon d'armes

---

[1] Deux autres expéditions terminèrent cette campagne : celle de *Milianah* et celle du *Chéliff*.

de M. de Tartas. Je le pressais vivement pour obtenir des renseignements précis, et comme il s'y prêtait volontiers et de la meilleure grâce du monde, quand il avait parlé, je le pressais encore. Mais quand je lui dis combien il serait intéressant de pouvoir suivre tous les pas de Tartas dans ses courses militaires : « Oh ! pour cela, me répondit-il, c'est impossible. » En effet, c'était souvent des marches et des contre-marches, des expéditions succédant à des expéditions, et quelquefois même des changements de colonne si brusques, qu'on ne savait plus d'où l'on était parti, où l'on portait ses pas. Au fond, pour ce qui regardait les courses moins intéressantes, je tenais peu à en faire connaître les détails. Mais dans sa correspondance, M. de Tartas, comme nous l'avons vu, parle de deux expéditions orageuses, qui ont immédiatement précédé celle de Boghar et de Thaza. Une seule était connue. Pour la seconde, rien ne venait m'en présenter la trace. Vainement je compulsais et je retournais dix fois les innombrables colonnes du *Moniteur ;* pas la moindre clarté après les recherches les plus longues et les plus laborieuses.

Dix fois j'avais lu d'un bout à l'autre une expédition pour le ravitaillement de Médéah. Elle n'avait pas, il est vrai, manqué d'orages, mais rien,

dans le rapport du gouverneur, n'y faisait même
soupçonner la présence de Tartas. Vainement j'in-
terrogeais les historiens de l'Algérie et de nos
conquêtes d'Afrique : c'étaient toujours les mêmes
ennuis, la même stérilité de renseignements. Cependant, parmi ces historíens, il en est un qui
avait pour moi une singulière prédilection. Sa
façon d'écrire et sa manière de penser m'avaient
entraîné vers lui depuis bien longtemps. Je ne
passai pas un seul mot de son livre. L'expédition
de Médéah s'y trouvait longuement racontée, avec
des péripéties, des épisodes vraiment dramatiques.
Dans ce récit émouvant, je trouvais des charmes
indicibles, mais je n'y trouvais pas le nom de
Tartas, pas plus que dans le reste de l'ouvrage.
J'ai pourtant la certitude que mes lecteurs me
sauront bon gré de leur faire connaître une page de
ce livre : *Les Français en Algérie.* Cette page est
tirée d'un chapitre intitulé : *Figures homériques.*
Les premières sont des figures arabes : la Mouna,
le Zouave, Mustapha, Ismayl. La dernière est pour
nous plus intéressante : laissons parler M. *Louis*
Veuillot :

« Voici une figure française : Le colonel T*** ne
charge jamais selon ses goûts. Lorsqu'il voit un
beau groupe d'Arabes, il commence par le caresser
d'un œil d'envie ; puis il tourne la tête pour ne

pas céder à la tentation, puis il regarde encore, il
se raisonne, il se dit qu'il ne faut pas faire d'imprudence inutile, que si le colonel n'est pas sage,
les soldats deviendront fous. Puis enfin il n'y tient
plus, pique des deux, vole au-devant des ennemis, il ne s'arrête que lorsqu'il est à la portée de
la voix, c'est-à-dire beaucoup plus près qu'il ne
faut pour être à la portée du fusil; et alors, comme
un véritable héros d'Homère qu'il est, il adresse
aux Arabes un petit discours : « Ah! leur dit-il,
« gredins! (ou quelque autre épithète du même
« genre) Croyez-vous qu'on a peur? C'est moi,
« T***! Venez donc un peu, seulement quatre ou
« cinq, causer jusqu'ici. » On l'ajuste, il laisse
faire; et s'il voit les Arabes fondre sur lui, il se
retire tout doucement, pour donner le temps de
le rejoindre aux plus pressés, tenant prête sa longue lame étincelante, dont on connaît les grands
coups. Ce naïf courage plait aux soldats plus qu'on
ne saurait le dire, et personne dans l'armée ne
doute de ce qu'une bonne escouade est capable de
faire quand le colonel T*** la conduit.

« Ce noble guerrier a manqué son époque; il
aurait dû naître au temps des croisades. Son noble
cœur palpite sous la croix d'honneur, qu'il a bien
gagnée; avec quelle force n'aurait-il pas battu sous
une autre croix, non moins glorieuse et plus

sainte ; et comme ces aspirations de renommée et d'avenir qui se bornent à la terre, parce qu'ainsi le veut notre temps, se seraient magnifiquement élancées vers le ciel!

« J'estime toutes les bravoures ; mais, je l'avoue, j'ai un goût particulier pour ces preux dont le caractère me rappelle si bien les vieux pourfendeurs de cimier et les vieux marteleurs d'armures, qui, se reposant de la tactique, sur la sagesse du roi Philippe-Auguste, ne s'inquiétaient que de pénétrer dans les rangs des Sarrasins aussi loin que le roi Richard. »

Certes, tous ceux qui ont connu Tartas, ou qui seulement ont entendu parler de lui, pourront bien l'apercevoir sous le voile de cette esquisse tracée de main de maitre. Pour moi, il me semblait qu'il n'y avait point de voile, et malgré tout le prestige que la poésie et les siècles ont donné aux héros d'Homère, j'étais bien sûr que plus d'un Grec et plus d'un Troyen, divinisés par le chantre d'Ilion, ne valaient pas plus que Tartas. Mais enfin, il y avait bien des héros dans l'armée d'Afrique, et sans parler du colonel Tempoure, beaucoup d'autres pouvaient se reconnaitre sous les trois étoiles qui suivent l'initiale donnée par M. Louis Veuillot. Lui seul en avait le secret, et lui seul pouvait me le révéler. J'ai donc pris le parti le plus sûr, et j'ai reçu de M. Veuillot la réponse suivante :

« Paris, 9 Avril 1860.

« MONSIEUR,

« C'est aujourd'hui seulement, huit jours après mon retour de Rome, que j'ai pu lire votre lettre, datée du 25 mars. Je m'empresse de vous répondre, très-heureux de pouvoir vous donner le renseignement demandé.

« Le colonel T***, des *Français en Algérie*, est bien votre homme. Je l'ai peint, dans ce croquis, comme je l'ai vu sur le champ de bataille, auprès de Médéah. Toute l'armée parlait de sa bravoure, et elle en parle encore. C'était une bravoure chevaleresque et naïve, une bravoure de héros, qui veut toujours payer de sa personne.

« Si Tartas avait vécu du temps de Bayard, il aurait détesté comme lui l'invention des armes à feu, qui empêche les combats corps à corps. Je n'ai pas revu le général Tartas, et j'ai malheureusement oublié les belles histoires que l'on se racontait de lui au bivouac, en 1841 ; mais vous trouverez bien quelques-uns de ses compagnons de guerre de ce temps-là, qui en ont entendu davantage, et qui ne peuvent avoir tout perdu.

« On l'aimait extrêmement, parce qu'il n'était pas moins franc et loyal que brave. C'est cette loyauté qui l'a ramené à la religion. Parmi toutes ces nobles figures de nos soldats d'Afrique, dont un si grand nombre sont devenus chrétiens, c'est peut-être la sienne que je me serais attendu dès-lors à voir un jour devant les autels.

« Agréez, etc. »

Voici maintenant le résumé de l'expédition de Médéah :

Le général Bugeaud, qui dirigeait les opérations dans la province d'Oran, était parti d'Alger avec sa colonne, le 30 mars. Arrivé le lendemain à Blidah, le convoi en était reparti après un jour de halte. Le duc d'Aumale commandait dans cette expédition en qualité de lieutenant-colonel, sous les ordres du général Changarnier. *Le Changarlo*, — ainsi l'appelaient les Arabes, — y reçut sans s'émouvoir une blessure à l'épaule ; le colonel Bedeau y courut un grand danger.

M. Louis Veuillot lui-même était alors au nombre des explorateurs intrépides qui vinrent en Afrique partager les fatigues et les dangers de nos soldats. Là étaient aussi M. de Tocqueville, frère du député, et M. de Corcelles, membre lui-même du Corps-Législatif. M. de Corcelles avait adopté un

costume assez pittoresque. Un long sabre pendait
à un ceinturon blanc sur sa redingote noire. L'ai-
grette flottante qui ombrageait son chapeau gris
était devenue, comme celle de Henri IV, le point
de mire des soldats. Il faut dire cependant, pour
être vrai, qu'il l'exposa un peu moins que le
prince béarnais : il n'était pas là pour manier les
armes.

M. Louis Veuillot était aussi affublé d'un long
sabre, mais bien plus propre, comme il le dit lui-
même, à le faire trébucher, quand il marchait,
qu'à le défendre contre l'ennemi. Il faut lire, dans
son ouvrage, le récit dramatique de cette course
avec un lieutenant, séparé de l'armée, à travers
des chemins scabreux, des rochers dont chaque
enfractuosité recelait des Kabyles invisibles, toujours prêts à tirer un coup de fusil ou à couper
une tête.

Le convoi fut cependant introduit dans la place,
mais le retour ne fut pas moins orageux. « Il y
eut, me dit M. Veuillot, dans une seconde lettre,
plusieurs charges contre les Arabes, et Tartas
n'était pas homme à manquer la moindre occasion
de dégaîner et de courir. » C'est alors qu'il le vit
dans ces évolutions, ces bravades homériques
qu'il a si bien racontées. Et maintenant, on s'é-
tonnera beaucoup moins si, dans mon récit,

quand j'ai voulu peindre le patriotisme d'Emile,
j'ai parlé du compagnon d'Evandre, et du souvenir qu'il donne sur le champ de bataille à sa chère
Argos; on comprendra pourquoi j'ai retrouvé
dans Tartas, se revêtant des dépouilles de l'ennemi vaincu, le vaillant Hector dépouillant Patrocle de l'armure d'Achille, et quand notre héros
racontait ses brillants faits d'armes sous la tente
du gouverneur, j'ai pu rappeler le fils d'Anchise,
déroulant le drame d'Ilion devant la reine de
Carthage.

VI

Expédition chez les Flittas; — Rôle important de Tartas; — Com-
bat de l'Oued-Maoussa; — Mustapha-ben-Ismayl; — Yusuf; —
Expédition dans le pays des Hachem; — Destruction
de Saïda; — Combat à bout portant; — **Tartas,**
Chevalier sans peur et sans reproche;
— Lettre.

Après quelque séjour à Alger, le gouverneur
général revint à Mostaganem, au mois de septembre, pour diriger la campagne d'automne. Tartas,
qui n'était encore que lieutenant-colonel, eut cependant l'honneur d'y remplir la charge de maréchal de
camp; il y commanda toute la cavalerie. Aussi, le
rôle d'Emile devient ici d'une importance sérieuse.
Il sera contraint de modérer son ardeur chevaleresque; le rôle de pourfendeur ne convient plus à

celui qui assume sur sa tête une si grave respon-
sabilité.

Le corps expéditionnaire partit le 5 octobre pour
se diriger vers la tribu des Flittas, l'une des plus
considérables et des plus remuantes. Le général
de Lamoricière était parti la veille avec un convoi de
ravitaillement pour Mascara. L'infatigable Abd-el-
Kader, qui avait connu le projet du gouverneur, appela à son secours les kalifas de Mascara et de Tlemcen ; il réunit une armée de 9,000 combattants et
résolut de s'opposer à la marche des Français. De
son côté, le gouverneur ayant rallié Lamoricière
sur les bords de l'Iellel, changea ses projets et
résolut d'aller surprendre l'émir. Dans ce dessein,
il marcha sur Ain-Kébiza ; mais malgré la supériorité numérique de ses forces, malgré le conseil
de ses kalifas, Abd-el-Kader n'osa pas l'y attendre.
Il jeta son infanterie dans les montagnes, et alla
camper au-delà d'El-Bordj, sur l'Oued-Maoussa,
derrière trois grands ravins. Le 8, à deux heures
du matin, le gouverneur ordonne la marche
sans sonnerie, et à la pointe du jour, il vient
placer son camp en face de l'ennemi.

Il y avait dans l'armée française un aga des
Douairs, la tête blanchie sous le poids des armes,
descendant d'une noble race des premiers conqué-
rants de la Numidie, un guerrier que M. Veuillot

a rangé parmi ses figures homériques, tel enfin
que les conteurs espagnols se plaisent à représenter ces Abencerrages de Grenade, qui couraient
si vaillamment au danger. C'était Mustapha-ben-
Ismayl dont la bravoure, la fidélité et la vie furent si
noblement dépensées pour le service de la France.
Tartas, qui connaît Ismayl, lui fait un signal, et
le cavalier maure s'élance avec Yusuf à la tête des
spahis, franchit les ravins, tombe comme la foudre sur la cavalerie des tribus, frappe, tue tout ce
qu'il rencontre et disperse l'ennemi. Un autre fidèle
allié, El Mézary, des Medjehers, des Douairs de
Mostaganem et des Moskahlias du bey, soutenus
par les chasseurs en trois échelons, prennent une
part active à ce premier succès.

Cependant une partie des Medjehers ayant passé
à gauche, et donné sur plusieurs escadrons de la
cavalerie régulière de l'émir, étaient moins heureux. Acculés à une berge infranchissable, ils
étaient perdus sans espoir; mais le gouverneur
passant alors les ravins avec les zouaves du commandant Leflo et un détachement de sapeurs, vint
à propos dégager les Medjehers. Le centre de la
cavalerie ennemie, où se trouvait le reste des réguliers, enhardi par le premier succès de la
droite, se porte sur ce point, qui devient le théâtre d'une lutte acharnée. Alors, avec sa grande

voix de commandement, agitant sa lame étincelante, Tartas lance les chasseurs à ce nouveau combat, suivi des spahis que commande l'intrépide Yusuf, et des Douairs ayant à leur tête Mustapha-Ben-Ismayl. L'émulation de ces chefs et de ces troupes diverses grandit leur courage, que grandit encore l'énergie de leur commandant. Yuzuf, au regard enflammé, électrise ses spahis; Ismayl, l'homme de fer, debout sur ses étriers d'or, ses haïks flottant au vent, crie d'une voix terrible : *Elttloj el goum*, découple le goum, et les chasseurs, les Douairs et les spahis s'élancent à fond de train à travers l'ennemi.

De son côté, le fils de Mahiddin, Abd-el-Kader, enflamme les siens au combat : Il brûle de venger sa défaite de Milianah, dont il revoit le vainqueur. Les réguliers, au burnous d'écarlate, sont de vaillants soldats. Trois fois les nôtres les abordent le sabre à la main ; trois fois ils sont reçus par un feu à bout portant. L'un de nos chasseurs, Bourdillon, arrache un étendard à l'ennemi ; mais la victoire l'abandonne ; il est frappé d'un coup mortel et perd la vie avec son trophée. Enfin, les Kabyles sont contraints de plier sous le terrible ouragan de nos soldats, qui les dispersent et les poursuivent au loin dans leur fuite. 1,600 chevaux, d'après le rapport du gouverneur, engagés

seuls à une grande distance de l'infanterie, batti-
rent 5 à 6,000 cavaliers de l'émir, grâce à l'énergie et à l'à-propos des manœuvres si habilement
conduites par le lieutenant-colonel de Tartas. De
son côté, dans son rapport au général Bugeaud,
Tartas cita, dans le 2e chasseurs, un grand nombre d'officiers, sous-officiers ou soldats qui s'é-
taient distingués sous ses ordres : Yusuf, dans les
spahis, et parmi les alliés, le vaillant Mustapha-
Ben-Ismayl et El-Mézary, qui, selon les expressions du lieutenant-colonel, combattirent en guerriers consommés.

Le soir de cette brillante journée, le gouverneur rejoignit, sur l'Oued-Maoussa, la colonne des
équipages. Le lendemain, le général Levasseur in-
troduisait à Mascara le convoi destiné pour cette
place. Après son retour, la colonne traversa la
plaine de Ghéris pour se porter au sud de l'Oued-
Frouha. On était entré dans le pays des Hachem,
la plus rebelle des tribus de la province d'Oran,
la plus dévouée à la fortune de l'émir. On résolut
de l'écraser.

Le 12, on se porta sur Oued-Fécan, où l'on rencontra les traces d'une nombreuse émigration.
Mais trouvant la colonne trop lourde pour la
poursuite des tribus, le gouverneur détacha le
général Levasseur sur Mascara avec la moitié de

3*

l'infanterie, les malades, les blessés et tous les transports.

Avec sa colonne légère, Bugeaud alla camper sur le Sefisef, qui sépare les Hachem des Beni-Amer. Là, il apprit par des coureurs arabes qu'une partie des tribus fugitives s'était retirée dans les montagnes des Quéternias, réputées inabordables; mais il fallait prouver aux Arabes qu'il n'y avait pas de difficultés insurmontables pour les Français.

En effet, le 14, au point du jour, les Français avaient pénétré dans ces impénétrables repaires, et châtié les fuyards, qui éprouvèrent des pertes considérables. Ce coup hardi avait été confié à la bravoure de Tartas et de ses cavaliers. Il fut d'autant plus sensible à l'émir et à Bouhameidy, venus au secours des Hachem, que ces deux chefs implacables, tenus en échec par l'infanterie, furent contraints d'assister, l'arme au bras, à la déroute des tribus.

On passa la nuit dans ces horribles montagnes, et le lendemain on reprenait la route de Mascara. Après une marche longue et pénible, on arrivait, le soir, à Oued-el-Hamman, où l'on fit halte pour détruire le village de la Guetna, berceau de la famille d'Abd-el-Kader. Cet établissement, qui possédait une école de théologie musulmane très-renommée, fut complétement détruit. La colonne expéditionnaire rentrait ensuite à Mascara. On s'y reposa deux jours, durant lesquels on installa solennellement un nouveau Bey, qui entra dans la place au bruit de l'artillerie.

Ayant ainsi traqué et foulé les Hachem de l'ouest, on résolut de se jeter sur ceux de l'est, retranchés dans les montagnes qui leur servent de limite du côté du sud. Le projet fut d'abord de marcher sur Saïda, dont l'émir avait fait une forteresse où venaient s'approvisionner ses troupes régulières. Le fort avait été construit trois ans auparavant pour brider les tribus de la Yacoubia, qui supportaient impatiemment le joug de l'émir. Il était donc important de se mettre en relation avec ces peuplades, afin de créer au sud un foyer d'hostilité contre le sultan, et d'enfermer les Hachem entre ces tribus insoumises et nos troupes de Mascara. Après un engagement avec Mustapha-ben-Tami, on arriva sous les murailles de Saïda, déjà vide de ses habitants. La mine fit sauter la forteresse, et tous les édifices de l'intérieur furent détruits.

Bientôt, comme on l'avait prévu, arrivent des envoyés des Hassaisnas, tribu de la Yacoubia. Ils demandent notre alliance pour les aider à secouer le joug d'Abd-el-Kader, qui les avait ruinés; ils

promettaient en même temps leurs cavaliers, ceux
des Oulad-Brahim et de quelques autres tribus.
Le général Bugeaud accepta leur alliance et leurs
services. Cette alliance fut heureusement cimentée
par un événement qui amena l'un des plus beaux
combats de notre cavalerie. L'engagement eut lieu
près de Fakhmaret.

Les réguliers de Mustapha-Ben-Tami ayant
surpris nos fourrageurs, une cinquantaine de
spahis soutinrent vigoureusement la première atta-
que. Au bruit de la fusillade, Tartas arrive avec
sa cavalerie, soutenue par trois bataillons. Une
charge furieuse enfonce les réguliers de Ben-Tami,
qui résistent avec autant de vigueur, mais avec
moins de fortune. Le lieutenant Fleury tue de sa
main un porte-étendard, et, plus heureux que
Bourdillon, il emporte le drapeau qu'il a conquis.
Dans cette affreuse mêlée, on tirait de si près, que
le feu prenait aux vêtements de plusieurs cavaliers
arabes. La plupart de nos blessés brûlaient égale-
ment, et cet étrange incendie les aurait dévorés
sans le secours de leurs camarades victorieux. Le
lieutenant-colonel Pélissier, à la tête de la charge,
contribua puissamment au succès de cette journée.
La cavalerie fut ramenée au camp dans l'enthousiasme des trophées qu'elle rapportait. C'était un
spectacle enivrant qui frappait au plus haut degré

les tribus yacoubiennes ; elles croyaient invinci-
bles les cavaliers rouges d'Abd-el-Kader.

Après avoir pris des vivres à Mascara, l'expédition rentra le 5 novembre à Mostaganem. C'était la
fin de la campagne d'automne. M. de Tartas était
au grand-quartier de Mustapha, en 1842, prenant des forces pour la campagne du printemps.
Ces forces, il les puisait non-seulement dans le
repos qu'il n'appréciait que médiocrement, mais
dans la sagesse d'une conduite irréprochable.
Comme Bayard, s'il avait cet héroïsme plein de
franchise qui n'est pas toujours en harmonie avec
les raffinements de l'art militaire, il eut la sobriété,
la vertu candide du preux chevalier, et l'on peut
dire qu'il mérita, comme le vainqueur de Mari-
gnan, le titre doublement glorieux de *chevalier
sans peur et sans reproche*. Je veux maintenant
le laisser parler :

« Si la colonie, en général, ne prospère pas, il
n'en est pas de même de la ville d'Alger et de ses
environs. C'est un pays délicieux, et qui gagne à
vue d'œil. De ce côté, mon régiment est privilégié,
et ce changement si extraordinaire du bivouac à la
grande ville a un charme inexprimable. Le seul
inconvénient, ce sont les ménagements qu'il faut
garder pour se conserver fort et vigoureux pour
la campagne. Mais, mon cher Eugène, tu connais

ma sobriété en tous genres ; aussi ne me suis-je
jamais si bien porté. On me fait souvent malade,
pris ou tué par les Arabes. Dernièrement, l'alarme
se répandit à Alger que je venais d'être blessé au
bras droit, ce qui me valut d'aimables compli-
ments de condoléance. »

Dans cette même lettre , écrite de Mustapha, le
9 mars 1842 , il apprenait à son frère que le gouverneur avait fait des merveilles dans la province
d'Oran.

» Dans celle-ci, ajoutait-il, où le pays est beaucoup plus accidenté , les Arabes ne se soumettent
pas aussi facilement. Cependant ils battent une vi-
laine marche , et il faudra que nous les forcions
jusque dans leurs derniers retranchements. »

M. de Tartas commandait alors son régiment
depuis deux mois, en l'absence du colonel Korte ,
et il était d'autant plus heureux, qu'il aurait l'a-
vantage de commander à l'expédition prochaine,
comme à la précédente, où il avait rempli la charge
de maréchal de camp. Ses brillants succès dans les
divers combats de cette campagne, furent tellement appréciés dans une réunion de tous les ins-
pecteurs généraux , qu'on résolut de le garder dans
l'Algérie, où il avait déjà rendu de si grands services.

VII

Expédition de Milianah ; — Changarnier annonce à Tartas sa promotion au grade de Colonel ; — Grande razzia ; — Complainte chantée
par Carayon-Latour ; — Expédition dans les montagnes de
l'Ouarensenis ; — M. Béchon de Caussade ; — Combat
contre les Beni-Ouragh ; — Comment Changarnier ap-
précie Tartas et son régiment ; — Soumission de
Mohammed-bel-Hadi , grand chef des Beni-
Ouragh.

Depuis douze ans, les Français marchaient de
victoire en victoire. Les bulletins les signalaient
quelquefois avec emphase, et cependant, je le dirai
avec franchise, la conquête avançait très-lente-
ment. Il était facile de vaincre les Arabes quand on
pouvait les atteindre ; mais les dompter, mais soumettre ces tribus indépendantes, à demi barbares,
sous le joug de notre civilisation, c'était une tâche
bien ardue, et non moins pénible que de consti-
tuer, à son origine, la nation romaine. Je pourrais
dire avec autant de vérité que le chantre d'Énée :
Tantæ molis erat Numidarum condere gentem !

Parmi ces tribus indomptables, la plus terrible
peut-être était celle des Hadjoutes, à l'extrémité
occidentale de la Métidja. Changarnier reçut ordre
d'aller les châtier en dirigeant une expédition sur
Milianah. Il partit de Blidah avec une colonne forte
de 5,660 hommes d'infanterie, 250 hommes du
génie, et 450 cavaliers, plus une batterie de six

obusiers de montagne. Ces troupes étaient compo-
sées de divers régiments commandés par les colo-
nels Bourgon et Cavaignac, les lieutenants-colonels
de Tartas et Blangini, et le commandant de Comps.
Après une marche de six heures, le général établissait son bivouac sur la rive gauche de l'Oued-
Ger. Le lendemain, 28 avril, il franchissait le défilé de Scaba-el-Ketta, et, dans la nuit, il réunis-
sait en silence toute sa cavalerie et quatre bataill-
lons. Voici l'ordre pour le lendemain : Deux colonnes d'infanterie doivent prendre, à droite et à
gauche, les hauteurs qui commandent la coupure
de l'Oued-Ger; la moitié de la cavalerie passera
rapidement cette gorge; l'autre moitié, en entrant
dans la plaine de la Métidja, pointera dans la direction du lac pour arrêter les tribus et les troupeaux
fuyant devant les trois autres colonnes. Le matin,
avant le jour, toutes les troupes s'ébranlent, tra-
versent le défilé au son des fanfares, et débouchent
dans la Métidja.

A ce moment, les premiers rayons du soleil lais-
sent voir derrière, à l'horizon, un cavalier arabe
qui court à fond de train; c'est un messager qui
porte des nouvelles au général. Changarnier le reçoit environné de son état-major et des principaux officiers, accourus dans la crainte de quelque
surprise, et de quelque changement à introduire

dans les dispositions de la veille. Changarnier ouvre cette dépêche; tous les regards sont fixés sur lui; on attend avec une certaine anxiété les communications mystérieuses. A mesure que le général examine le contenu de ce pli, la joie éclate sur son front. Ensuite il s'avance vers M. de Tartas, et lui serrant affectueusement la main : « Mon cher Tartas, lui dit-il, vous voilà colonel ! » Quelques jours après, Emile écrivait à son ami Hector : « Cette nouvelle fut reçue avec enthousiasme par toute la division. Ce fut pour ton vieil ami un moment bien flatteur, lorsque toutes ces figures grillées par le soleil, appauvries par les fatigues, se pressaient autour du nouveau colonel pour lui exprimer leur joie. »

A onze heures du matin, les quatre colonnes, dont les mouvements avaient été dirigés avec une précision remarquable, se trouvèrent réunies au point indiqué, étreignant comme dans un cercle de fer 426 prisonniers, un très-grand nombre avec leurs armes, 65 chameaux, 40 chevaux, 100 bêtes de somme et 60 têtes de bétail. 150 tentes en poil de chameau et un butin considérable étaient au pouvoir des Français. 3,000 Kabyles et 1,500 cavaliers, réunis par Sidi-Embarrak et Berkani, kalifas de Milianah et de Médéah, furent entièrement dispersés. Parmi les prisonniers se trouvèrent

plusieurs marabouts et scheiks d'une grande influence. Le fameux scheik Ben-Rebbah, aga de la
cavalerie, autrefois caïd de l'indomptable tribu des
Hadjoutes, s'enfuit seul de sa famille, et ne sauvant
de sa fortune que sa selle et ses armes.

On se reposa quelques heures, et trois bataillons
regagnèrent le bivouac; l'autre bataillon, du 24e
de ligne, et la cavalerie, dirigèrent les prises vers
Blidah. Le lendemain, ces détachements avaient
rallié la colonne expéditionnaire, et le 1er mai le
convoi était introduit à Milianah.

Après deux jours de halte, on alla bivouaquer à
Sidi-Abd-el-Kader-Medfa, et le 4, une colonne légère, composée de 400 chevaux et de 1,200 hommes
de pied, se mettait en mouvement. A huit heures
du matin, elle atteignait, au centre des Beni-Me-
nad, un bordj appartenant à la famille de Sidi-
Embarrak, construit après le débarquement des
Français à Alger. Pendant que les sapeurs du génie et l'infanterie ruinaient cette habitation retran-
chée, la cavalerie allait atteindre un troupeau dont
elle s'emparait, malgré la résistance de quelques
cavaliers et de 150 Kabyles.

M. de Carayon-Latour était rentré dans son
régiment. Il se distingua par son ardeur dans ce
petit combat, et mérita une glorieuse citation.
Tartas, qui l'aimait beaucoup, et qui plus d'une

fois avait été charmé par l'entrain de ses chansons, voulut l'entendre durant le retour au bivouac. « Allons! Latour, lui dit-il, tu as bravement combattu tout à l'heure; chante-nous maintenant la complainte que tu sais. » Le maréchal des logis ne se fit pas prier, et il commença, sur l'air de *Malborough*, la complainte suivante :

> Le pauvre Max est mort !
> Mironton, mironton, mirontaine ;
> Le pauvre Max est mort,
> Mort et pas enterré ! (*ter.*)

> Il était v'nu d'All'magne,
> Mironton, mironton, mirontaine ;
> Il était v'nu d'All'magne
> Pour aller en Alger. (*ter.*)

> Max reçut maintes balles,
> Mironton, mironton, mirontaine ;
> Max reçut maintes balles
> Et l'général aussi. (*ter.*)

Il n'y avait pas, dans cette complainte, moins de soixante-quinze couplets, tous dignes des fameux chants de Malborough. C'était une composition du bivouac sur le cheval de bataille du général Changarnier, bien connu des soldats, mort bravement au champ de l'honneur.

Après deux jours de repos et le renouvellement

des vivres, le général devait reprendre le cours
de ses opérations.

M. de Tartas avait d'autres soins à remplir. En
recevant le grade de colonel, il passait au 4ᵉ régiment de chasseurs d'Afrique. Comme le 1ᵉʳ, celui-
ci avait son cantonnement à Mustapha, à une très-
petite distance d'Alger. Le colonel était déjà assez
connu par l'éclat de ses armes, pour que je n'aie
pas besoin de dire avec quelle ivresse il fut reçu à
la visite de corps. Dès ce jour, Emile contractait,
avec son nouveau régiment, une alliance qu'il devait cimenter par tant de glorieux combats. Une
campagne très-orageuse lui en fournit l'occasion
avant la fin de cette même année (1842).

Abd-el-Kader s'était retiré dans les montagnes
de l'Ouarensenis, disposant de nombreux guerriers, et portant la terreur parmi les tribus dé-
vouées à la France. Le gouverneur ne voulant pas
laisser l'émir ruiner de ce côté notre conquête,
résolut d'y porter les armes, sans attendre le retour du printemps. Il partit de Blidah, le 20 novembre, avec la plus grande partie des forces
disponibles. Après quatre jours de marche, toute
l'armée était réunie sous Milianah. Elle fut parta-
gée en trois colonnes, qui se mirent en mouvement
le lendemain. Celle de gauche, aux ordres du colonel Korte, passa le Chéliff, en face de Milianah,

et reçut ordre de manœuvrer par les pentes méridionales du pic de l'Ouarensenis. Le centre et la
droite passèrent au pont, et marchèrent ensemble
jusqu'à l'Oued-Rouina. Là elles se séparèrent. La
droite, commandée par le gouverneur lui-même,
ayant sous ses ordres le duc d'Aumale, se dirigea
sur l'Oued-Fodda. Le centre était sous les ordres
du général Changarnier, dont le colonel de Tartas commandait la cavalerie. Il remonta l'Oued-
Rouina pour entrer obliquement dans la chaîne de
l'Ouarensenis, et dut aussi traverser l'Oued-Fodda,
au point où, deux mois auparavant, ces mêmes
troupes avaient glorieusement soutenu deux san-
glants combats. Ces glorieux faits d'armes sont
dramatiquement racontés par le comte de Castellane. Je les ai passés sous silence parce que je n'ai
pu m'assurer de la présence de Tartas aux combats de l'Oued-Fodda. Mais voici un touchant épisode qui nous est révélé par le fils de l'illustre
maréchal : « Parmi les blessés du 4ᵉ chasseurs
d'Afrique se trouvait un cavalier nommé Cayeux.
Se sentant mourir, il fit appeler son capitaine.
Après lui avoir donné une dernière commission
pour sa mère : « Remerciez aussi, ajouta le pau-
« vre Cayeux, le colonel Tartas : c'est un brave
« homme, il a toujours aimé ceux qu'il comman-
« dait : dites-lui qu'en mourant un de ses soldats

« le remercie. » Touchant et beau souvenir pour
le chef comme pour le soldat ! » Le rendez-vous
général était à l'Oued-Kheschâb.

Les colonnes marchaient avec grand bruit, au
son des tambours et des trompettes. Le gouverneur l'avait ainsi ordonné pour frapper les populations hostiles, que nos chants guerriers, répétés par l'écho des montagnes, allaient effrayer
jusque dans leurs retraites les plus impénétrables.
La plupart de ces tribus vinrent d'elles-mêmes
offrir leur capitulation. Une d'elles, qui avait
déjà forfait à la foi du serment, fut châtiée par
une razzia qui l'atteignit dans ses intérêts les plus
chers. 200 prisonniers furent amenés tremblants
devant le gouverneur, qui leur adressa ces paroles : « Vous avez manqué à la foi promise et vous
avez encouru un châtiment exemplaire. Vous savez le sort que vous ferait subir celui que vous
appelez votre sultan, qui a impitoyablement
égorgé plus de 400 personnes chez les Ouled-
Khou, parce qu'ils nous avaient fait leur soumission. » Les prisonniers arabes s'écrièrent qu'Abd-
el-Kader leur ferait couper la tête, mais que les
Français étaient bons et cléments, et ils implo-
raient leur pitié. Le gouverneur voulut, en effet,
leur prouver que les Français étaient plus forts et
surtout plus humains qu'Abd-el-Kader, et il les

rendit à la liberté. Le 2 décembre, le gouverneur était arrivé sur les bords du Kheschâb.

De son côté, la colonne du colonel Korte opéra plusieurs razzias, dans lesquelles fit éclater sa bravoure M. Béchon de Caussade, capitaine adjudant-major au 33e de ligne. Non moins savant que brave, cet officier, dont le canton de Monclar peut justement s'honorer, explorait, dans ses courses militaires, les traces de l'occupation romaine. Son beau travail, qui a mérité une mention très-honorable de l'académie des inscriptions et belles-lettres, est au nombre de ceux qui me servent de guide à travers le labyrinthe des ruisseaux, des vallées, des montagnes et des peuplades diverses que parcouraient nos bataillons.[1]

Après la concentration des trois colonnes au lieu indiqué, le gouverneur médita d'autres opérations pour explorer et soumettre le reste de la chaîne, jusqu'aux kamis des Beni-Ouragh, sur l'Oued-Rihou, nouveau point de ralliement.

En passant sur le territoire des Beni-bou-Kannous, le général Changarnier y frappa une forte contribution; mais le gouverneur eut aussi pitié de cette tribu, d'ailleurs très-pauvre; et comme

---

[1] M. *Béchon de Caussade* est aujourd'hui colonel au 76e de ligne et commandeur de l'Ordre impérial de la Légion-d'Honneur.

elle était aussi très-influente, il voulut se l'attacher par les liens de la reconnaissance, en lui faisant grâce du tribut imposé.

Le 8 décembre, au moment où le général en chef établissait son camp sur l'Oued-Te-Tafalout, on aperçut dans les gorges des montagnes voisines des tourbillons de poussière, annonçant une émigration. Le colonel Yusuf est envoyé dans cette direction, monte sur une éminence et entend une vive fusillade, qui ne pouvait être qu'un engagement de la colonne Changarnier ; mais l'aspérité du terrain ne lui permet pas d'atteindre les fuyards qu'on venait d'apercevoir.

Yusuf ne s'était pas trompé : c'était bien la colonne de ce général qui soutenait alors une lutte formidable. Arrivé chez les Beni-Ouragh qui, quelques jours auparavant, inquiétaient le général d'Arbouville, Changarnier établit son bivouac au pied de ces montagnes à pic, hérissées d'Arabes, dont les hourras annonçaient les dispositions hostiles. Aux approches de la colonne, les Kabyles vont prendre position sur des crêtes plus éloignées. Le général ne répondit d'abord que faiblement au feu roulant de l'ennemi. Quelques inquiétudes se répandirent autour de lui : il était impossible, disait-on, d'atteindre ces *chacals* sans artillerie de montagne, à travers ces gorges impraticables à la cavalerie. « Quand on a le 4ᵉ de chasseurs et Tartas pour le commander, répondit Changarnier, on n'a plus besoin d'artillerie de montagne. » Par une habile manœuvre, il masque sa cavalerie et simule une retraite pour attirer les Arabes dans un terrain moins difficile. Les Kabyles ont donné dans le piége. Croyant que leur feu a délogé la colonne, ils descendent en masse des crêtes qu'ils occupaient ; ils se précipitent avec une étonnante rapidité, drapeau déployé, ayant à leur tête Caddour-ben-Allel, neveu de Sidi-Embarrak, l'un des grands chefs de ces tribus sauvages. Bientôt Changarnier fait faire un changement de direction à son infanterie au pas de course, démasque sa cavalerie et l'appelle au galop. Tartas fait sonner la charge et la dirige avec sa hardiesse accoutumée. Justifiant la parole du général, ses chasseurs, lancés à fond de train, vont comme autant de boulets porter le ravage et la mort dans les rangs ennemis. Atteints comme par la foudre, les Kabyles n'ont pas même le temps de fuir ; ils sont culbutés, traversés par le fer et par le feu de nos chasseurs, précipités dans les ravins et pourchassés, pendant trois heures, comme de véritables chacals. Le soir du même jour, la colonne arrivait avec ses trophées au rendez-vous indiqué par le gouverneur, et les clairons

firent retentir les vallées du Rihou des chants de
la victoire.

Le général en chef n'arriva que le lendemain
avec sa colonne. Changarnier lui apprit la brillante
charge de Tartas, qui eut son cheval blessé dans
le feu de l'action. Parmi ceux qui s'étaient encore
distingués dans ce combat, on remarque, dans le
4e chasseurs, le chef d'escadron de Colle, les capitaines d'Espinay et de Vernon. Mais ce ne fut que
le 10, après l'arrivée du colonel Korte, que Tartas
et ses compagnons de gloire furent cités à l'ordre
de l'armée.

Le 16, on pénétra dans les hautes montagnes
des Beni-Ouragh, où s'étaient réfugiées toutes les
populations de ces contrées. Le kalifa du Cheurg
ou de la Mina, notre allié fidèle, Sidi-Ben-Abdal-
lah ould Sidi-el-Aribi, éclairait à travers ces
montagnes la marche incertaine de nos soldats.
Surprises de tant d'audace, les populations ne
pouvant plus échapper aux mouvements de nos
colonnes, le grand chef des Beni-Ouragh et de
tous les Kabyles de ces contrées, Sidi-Mohammed-
Bel-Hadj, vint se présenter devant le gouverneur
pour implorer sa clémence. Sachant que les Français étaient grands et généreux, il se soumettait
d'avance à toutes les conditions qu'on voudrait
lui imposer. Il leur avait fait la guerre avec toute

l'ardeur qu'il avait pu ; mais aujourd'hui que la fortune l'avait abandonné et que ses tribus étaient réduites à la dernière extrémité, il venait se jeter à la discrétion du vainqueur. Le général lui répondit qu'il avait parfaitement jugé des sentiments des Français, et qu'il pourrait aller rassurer ses populations, tandis que lui-même ferait rentrer son armée sur l'Oued-Rihou ; mais Mohammed devait venir l'y trouver le lendemain, dans son camp, avec tous les chefs des fractions de sa grande tribu. Il le promit, et se jetant à ses pieds, il baisa respectueusement sa main et lui offrit son fils en otage.

Le gouverneur le relève, lui répond qu'il n'a pas besoin d'otage ; que ses garanties se trouvent dans ses forces, dans son activité et dans la confiance que lui inspire la parole d'un personnage si distingué. Il veut même lui confier une lettre renfermant l'ordre du général Changarnier de rétrograder dans la vallée de l'Oued-Rihou. Le fils du chef fut chargé de ce message, et guida le général par une route plus courte pour rejoindre le gouverneur.

Le lendemain, en effet, Sidi-Mohammed-Bel-Hadj, avec les principaux chefs des Beni-Ouragh et le marabout, chef de Besseness, homme vénéré chez les Kabyles, vinrent rejoindre le gouverneur,

pendant sa marche, et le suivirent à son camp.
D'autres tribus, entrainées par le mouvement,
vinrent aussi faire leur soumission. Tous ces chefs
jurèrent de n'avoir plus, désormais, rien de commun avec Abd-el-Kader et ses kalifas, et d'obéir
fidèlement au roi des Français.

Les tribus ainsi pacifiées, les troupes rentrèrent
dans leurs divers cantonnements. Le gouverneur
se dirigea vers Tenez, dans l'intention de porter
ses armes, à la prochaine campagne, dans la portion du Dahra, où l'on n'avait pas encore pénétré.

VIII

Réception de Tartas à Mézin ; — Lettre à son frère Eugène ; — Stratagème d'un Arabe ; — Combat des Sbéa ; — Le Colonel vengé d'un
oubli ou d'un affront ; — Nouvelle révolte et nouveau châtiment des Beni-Ouragh ; — Leur soumission ; — Irritation
de Tartas ; — Combat contre les Arabes au pays
des Sendjess.

« Aussitôt mes occupations les plus sérieuses
terminées, écrivait le colonel à son ami Hector, je
m'embarque pour venir vous embrasser tous, et
me reposer quelques instants au milieu de mes braves compatriotes, de ces bons Mézinois qui, lors
de ma nomination au grade de lieutenant, en Afrique, me témoignèrent tant d'amitié. »

Aujourd'hui que M. de Tartas avait gagné d'au-

tres épaulettes, d'autres décorations, aujourd'hui
qu'il avait conquis ses décorations et son grade par
tant de glorieux combats, d'autres ovations l'attendaient dans sa chère patrie. A peine arrivé au
sommet du mamelon qui domine la vallée de Saint-
Michel, il aperçoit, sur le mamelon opposé que
couronne une grande croix, une foule nombreuse,
venant, avec le Conseil municipal, à la rencontre
du héros africain. Au même instant, la musique de
Mézin, si renommée, fait retentir un chant guerrier. On peut dire que Tartas rentre dans sa ville
natale en véritable triomphateur. Sérénades, illuminations, discours, rien ne manque à la fête. Le
soir, quand les émotions de la journée sont pas-
sées, quand le vaillant soldat reçoit au foyer paternel les parents et les amis qui l'embrassent, la
musique a préparé d'autres accords, des accents
plus doux : elle fait entendre l'air si vieux et toujours si nouveau :

> Où peut-on être mieux,
> Qu'au sein de sa famille !

C'est au milieu de cette allégresse que Tartas
puisa de nouvelles forces dans son repos de quelques jours. Ces charmes touchaient son cœur
sans l'énerver; l'empressement de ses compatriotes
ne pouvait éteindre l'amour qu'il avait pour ses

soldats, dont il était l'idole, et les symphonies de nos orphéons ne pouvaient lui faire oublier les refrains du régiment. Aussi, après quelques jours passés au sein de la famille, après avoir visité son cher Mirail, et admiré les travaux de François, il reprit le chemin de l'Algérie. Le 1er mai, il était déjà à Tenez, et il écrivait à son frère la lettre suivante :

« Tu vois, mon cher Eugène, que l'on ne veut pas me laisser moisir : arrivé le 28 avril, le 30, embarqué avec mes chevaux sur le *Castor*, pour rejoindre la colonne du gouverneur général dont je commande la cavalerie. Ce poste me convient beaucoup ; je suis près du soleil, et si le ciel continue à favoriser mon courage, avec les bonnes intentions qu'on a pour moi, je suis sûr de mon avenir.

« Mon retour attendu, et surtout vivement désiré par mes braves soldats, a produit une certaine sensation. Ce désir hautement exprimé par tout un régiment a frappé le gouverneur. Je suis bien heureux ! mon cher frère ! De pareils dédommagements sont nécessaires à celui qui quitte une famille comme la mienne, des amis comme les miens, une ville qui m'a reçu avec tant d'enthousiasme, pour courir de nouveau la chance des combats, et braver les intempéries de ce climat d'Afrique, si extraordinaire pour celui qui n'a d'autre couche que le sable du désert, ou le rocher de quelque montagne!

« Je t'écris ces quelques lignes de dessous ma tente, ayant en vue les trois bateaux à vapeur, mouillés à 500 mètres de notre bivouac. Avant hier, les Arabes ont eu 30 hommes de tués par mon régiment, 15 prisonniers, 18 chevaux pris et des armes en quantité. Les grandes routes se continuent, mais il nous faut des combats; j'y compte, car sans cela le métier ne vaudrait pas grand'chose. »

Comme je l'ai dit, Emile avait été surpris des travaux de François, l'enfant du malheur, et tellement surpris qu'il avait vu ce fidèle serviteur exténué par des fatigues incessantes. Toujours jaloux d'ajouter de nouveaux titres à l'affection de son maître, Samaran usait ses forces et sa vie avec une prodigalité sans mesure. Aussi Tartas, qui le connaissait si bien et qui tenait à le conserver, ajoutait au bas de sa lettre ce post-scriptum qui ne fait pas moins d'honneur au maître qu'au serviteur : « Dis à ce brave François qu'il ne travaille plus à se tuer, et qu'il emploie d'autres hommes pour terminer ses travaux. » Du reste, je n'ai pas besoin d'ajouter que M. de Tartas avait toujours aussi des souvenirs pleins d'affection

pour sa famille et pour ses amis, et particulièrement pour M. Hector et M. de Vigier.

En attendant la campagne du printemps, le gouverneur créait deux établissements nouveaux, sur
les vieux débris de l'occupation romaine : le premier sur les bords de la mer, entre Alger et Oran,
au milieu de l'ancienne colonie de *Cartenna*, aujourd'hui Tenez ; le second, sur les bords du Chéliff, à la place du *Castellum Tingitanum* des
Romains, plus tard *El-Esnam*, aujourd'hui Orléansville. Les fouilles d'El-Esnam mirent à découvert, à côté des souvenirs de la vieille Rome, les
souvenirs de la Rome chrétienne : les débris d'une
vaste basilique, et le tombeau d'un évêque de ces
temps primitifs. L'illustre Eglise des Cyprien et
des Augustin, victorieuse des dieux du paganisme,
vaincue par le glaive de Mahomet, se redressait de
nouveau et triomphait du croissant par la vail-
lante épée de nos soldats.

Après avoir commencé ces deux établissements,
il était indispensable d'assurer entre eux les communications. On résolut d'abord, selon qu'il avait
été réglé à la fin de la dernière campagne, d'attaquer la grande tribu des Sbihh, qui dominait la
partie occidentale du Dahra. Le colonel Pélissier,
chef d'état-major général, devait, avec une colonne,
se porter dans le nord de cette tribu, tandis que le

gouverneur l'attaquerait par le sud, aidé du goum du Kalifa Ould Sidi-el-Aribi.

Les deux colonnes entraient, le 11 mai, dans le territoire des Sbihh, au moment où la tribu fuyait vers les montagnes des Sbéa, dont la chaîne s'étend au sud d'Orléansville. La cavalerie, commandée par le général de Bourjolly et par le Kalifa, fut lancée contre elle, mais déjà elle gagnait les montagnes, et les résultats furent peu considérables.

Comme on l'avait prévu, le lendemain, à la pointe du jour, les populations fugitives se trouvaient en face de l'autre colonne, qui était sur le point de les envelopper. A ce moment, un messager vient apporter au colonel Pélissier une lettre du gouverneur, lui indiquant le point de jonction des deux colonnes. Ce messager était un Arabe qui jouissait d'un grand crédit parmi les alliés. Il avait eu la confiance du gouverneur, il ne pouvait manquer d'obtenir celle du chef d'état-major. Le perfide lui jure sur sa tête que toutes les populations qu'il voyait s'étaient soumises, la veille, au Kalifa. Le colonel crut à sa parole, et vint rejoindre le gouverneur.

A peine le stratagème découvert, Pélissier demande à revenir sur ses pas. Il part avec la cavalerie sous les ordres du colonel de Tartas, le goum et le 3ᵉ bataillon de zouaves sans sacs, car il fallait

4*

de la célérité. Les émigrants sont atteints vers le soir du même jour. La charge est sonnée, et, comme toujours, Tartas entraîne ses chasseurs dans une ardeur commune. Le commandant de Cotte, les capitaines de Vernon, de Loé, Wampers se distinguent dans ce combat ; le Kalifa Sidi-el-Aribi, à la tête de son goum, rappelle le brave Mustapha-ben-Ismayl, et il frappe comme un héros des temps antiques. Trente Kabyles restent sur le champ de bataille ; on fait 1,900 prisonniers et une razzia des plus considérables de cette guerre. Les Sbihh sont effrayés, et leur soumission entraine celle des tribus du Dahra et de la Kabylie comprise entre Tenez et l'embouchure du Chéliff.

Le danger passé, le succès complet, chacun attend avec une juste impatience la récompense de ses travaux, les citations. Pélissier, de Cotte, de Vernon, de Loé, Wampers, des sous-officiers, des soldats, tous sont glorieusement cités à l'ordre de l'armée. Un seul est oublié : celui qui a fait pencher la victoire du côté des Français, celui dont le nom devait briller à côté du brave chef d'état-major. Est-ce un oubli? est-ce une malice? Toujours est-il que cette grave omission est profondément sentie par tous les officiers du 4e chasseurs. Tout le régiment fait entendre un long murmure; le colonel frémit et jure de venger cet affront. Le

gouverneur aime Tartas ; il a compris la suscepti-
bilité du guerrier, et promet de lui rendre une
éclatante justice. En effet, au résumé général de
l'expédition, le colonel eut la part qu'il méritait, et
la journée des Sbéa alla prendre sa place parmi les
glorieux faits d'armes de notre héros.

Maintenant, que sont devenues les superbes
promesses de soumission des diverses tribus des
Beni-Ouragh, les serments de leurs chefs de ne
plus recevoir l'émir ni ses Kalifas? L'émir a traversé leurs montagnes, et les chefs de ces tribus
sont venus à sa rencontre pour saluer leur libéra-
teur. Cependant les plus illustres sont restés fidèles à la foi du serment. Sidi-Mohammed-bel-Hadj
et Sidi-Hammed-ben-Marabout expient leur fidélité dans les fers. Ils sont enchaînés dans la smala
d'Abd-el-Kader, sur les rives du Tagguin, au-
delà du Tell. Leurs têtes sont près de tomber sous
le cimeterre musulman ; mais un bruit effrayant de
clairons et de tambours retentit autour de la
smala. 200 cavaliers du 4ᵉ chasseurs, conduits
par le lieutenant-colonel Morris, et 300 spahis,
sous les ordres du colonel Yusuf, arrivent avec le
duc d'Aumale; ils se précipitent au milieu de ces
tribus nomades que protègent 2,000 cavaliers,
3,000 fantassins et les réguliers de l'émir. Tout
est balayé, tout est dispersé par nos 500 braves,

et les deux grands chefs des Beni-Ourahg sont rentrés dans leur patrie.

Le régiment de Tartas s'est couvert de gloire, loin de son colonel qui est toujours auprès du gouverneur, commandant sa cavalerie. Le général Bugeaud, irrité de la défection des tribus soumises à la dernière campagne, venait de rentrer chez les Beni-Ouragh. Déjà il avait remporté sur eux une victoire dans des ravins profonds, où les Kabyles avaient été rejetés par des charges vigoureuses de nos zouaves et de nos chasseurs. L'ennemi parvint à s'enfuir à la faveur de ce terrain horriblement tourmenté, laissant, toutefois, 70 cadavres, 25 prisonniers et 400 têtes de bétail. Après ce combat, le gouverneur alla coucher à Karnachim, à côté de deux mausolées romains, et le général de Bourjolly à Bou-Harbi, sur les rives de l'Oued-Tlata (15 juin).

Le lendemain de ce combat, on reçut assez froidement la soumission des Mekeness, des Matmata et de quelques autres tribus. Mais la joie se répandit dans le camp français quand on vit arriver aussi sur leurs coursiers les grands chefs dont on avait connu la fidélité, les infortunes et la délivrance. La présence de Sidi-Mohammed et de Sidi-ben-Marabout vint un instant consoler l'armée française d'une perte cruelle. Le vieux Mustapha-ben-Ismayl, notre puissant allié, le rival le plus redoutable d'Abd-el-Kader avait été frappé mortellement. Sa tête était promenée par l'émir comme trophée d'une victoire, quand ses bataillons réguliers venaient d'être sabrés, anéantis par nos soldats.

Le 17, le gouverneur s'établit aussi sur l'Oued-Tlata, au centre même des Beni-Ouragh. Il envoya au général Bourjolly l'ordre de se porter à Aïn-Beidha, sur l'Oued-Tigazza, et d'attaquer la fraction la plus hostile de ces peuplades. En quittant le camp de Bou-Harbi, son arrière-garde fut harcelée par des dissidents des Matmata et de quelques autres tribus.

Cependant Sidi-Mohammed-bel-Hadj et Sidi-Hammed-ben-Marabout, préparaient les tribus à la soumission, et convoquaient leurs chefs pour le 19, dans le camp du gouverneur. Tous, à l'exception des Aadjema, que Bourjolly avait eu l'ordre d'attaquer, furent présents au rendez-vous. « Je suis venu, leur dit le gouverneur, pour tirer une éclatante vengeance de votre perfidie, mais le trop malheureux Sidi-Mohammed-bel-Hadj et le vénérable Sidi-Hammed-ben-Marabout m'ont désarmé. Il y a cinq mois à peine, vous aviez juré fidélité au roi des Français, et quelques jours après vous avez trahi votre serment. Vous avez mérité la

mort, je vous fais grâce de la vie ; rentrez dans
vos montagnes, et ne vous laissez plus entraîner
par votre prétendu sultan, si vous ne voulez voir
la dévastation et la mort se promener dans vos tribus : vous m'en répondrez sur vos têtes. »

Ben-Marabout parla après le gouverneur, et sa
parole grave ne fit pas moins de sensation que
celle du général en chef. Cependant l'impression
n'était pas la même chez tous les officiers français
qui entouraient le gouverneur. Parmi ces officiers,
Tartas était bien celui dont les gestes comprimés,
le froncement des sourcils et la contraction des
lèvres, trahissaient le mieux les sentiments de
l'âme. Le spectacle de ces soumissions cent fois
jurées et cent fois trahies, lui paraissait plus digne du théâtre de Molière que des représentants
d'une grande nation. Il ne peut plus contenir sa
colère. Il n'attend pas que le marabout ait fini sa
harangue, et, retiré sous sa tente, il écrit à son ami
Hector :

« Au bivouac, sur l'Oued-Tlata, 19 Juin 1843.

« MON CHER HECTOR,

« C'est du milieu des montagnes des féroces
Beni-Ouragh, après quelques coups de fusil échangés de part et d'autre, que je viens me rappeler
au souvenir du meilleur de mes amis, car tu ne

peux douter de toute la sincérité de mon affection
pour toi.

« Oui, mon brave ami, au milieu des fatigues,
des dangers, ma pensée se tourne vers ma ville natale, car c'est là que sont renfermées mes plus
chères affections. Cette expédition est déjà et sera
encore fort longue, car il est impossible que
nous soyons rentrés avant le 15 juillet, au plus
tôt ; mais elle n'a pas tourné comme nous l'aurions
désiré : peu de combats, des soumissions en
masse ; c'est ce qui nous tue moralement. Ces
gaillards sont plus fins que nous ; une fois le dos
tourné, ils nous tournent aussi le dos... »

Le lendemain, on remonta l'Oued-Tlata, et,
après avoir châtié les Kerreichs, le colonel de Tartas, avec la cavalerie française et le goum, tomba
sur plusieurs tribus qui avaient échappé, la
veille, à une grande razzia opérée par le général
de Lamoricière, et qui n'avaient pas renouvelé leur
soumission ; c'étaient des Flittas rebelles, des
Hachem, des Beni-Islem, conduits par l'indomptable Mustapha-ben-Tami. Ils reçurent alors le châtiment de leur déloyauté ; car tout le camp et un
butin immense restèrent au pouvoir de la cavalerie.

Le même jour, le général de Bourjolly avait
repassé le Rihou, dirigeant un convoi au poste

provisoire que le gouverneur avait établi au Kamis des Beni-Ouragh. Bugeaud ne voulait pas quitter ce pays sans voir l'affermissement du noùveau Kalifa et de Sidi-Mohammed-bel-Hadj.

Mais les chefs fidèles à la fortune de l'émir travaillaient dans un sens contraire. Les kalifas Ben-Allel, et Mustapha-ben-Tami, avec le caïd des Flittas, Sidi-Mohammed-el-Karroubi, cherchaient à faire encore révolter les tribus qui venaient de renouveler leur soumission. Ils furent battus par Canrobert et Leflo, qui se distinguèrent dans ce combat.

Le 10 juillet, à la première clarté du jour, le gouverneur se mit en marche, laissant sur les côtés de son camp une embuscade de 90 chevaux et de trois compagnies de zouaves, pour fondre sur les Arabes, qui avaient l'habitude d'occuper les bivouacs aussitôt que les Français les avaient délaissés. Ils n'y manquèrent pas, mais avertis par l'un d'eux, qui poussa de véritables hurlements, ils s'enfuirent à travers les défilés de leurs montagnes, et on ne put en atteindre que quelques-uns. Ils avaient sur les Français les mêmes avantages que Salluste reconnaissait aux Numides sur les Romains : *Nostros asperitas et insolentia loci retinebat.*

Cependant on les poursuivit à travers ces gorges

affreuses, par des chemins boisés, qu'il fallait ouvrir avec la hache, la serpe et la pioche. Le soir,
on arriva dans une vallée fertile qu'arrose l'Oued-
Elagh ; on y établit le camp pour se reposer des
fatigues du jour. On entrait dans le pays découvert des Sendjess, et le gouverneur était loin de
s'attendre à s'y voir attaquer par l'ennemi. Il se
trompait. A peine l'arrière-garde abandonnait le
camp, qu'elle fut vivement assaillie par des cavaliers et des fantassins des tribus qu'on venait de
traverser. Les Arabes, de leur côté, semblaient
ignorer que la cavalerie française fût alors commandée par le colonel de Tartas. Ils se trompaient aussi, et l'erreur des Arabes leur coûta
bien cher. Si Tartas ne peut être rangé parmi les
grands stratégistes de notre époque, il connaît
assez les manœuvres pour ne pas laisser toujours
à l'ennemi l'avantage du terrain. Il l'attire habilement, sur les pentes méridionales du pays des
Sendjess, et quand le moment de frapper est venu,
il se dresse sur ses étriers et donne le signal. Rien
ne peut plus ralentir l'ardeur de nos soldats. Les
chasseurs entament une charge à fond jusqu'au
pied des montagnes. Sillonnés par nos braves,
les Kabyles qui échappent à leurs sabres sont aban-
donnés au feu du 3ᵉ léger, sous la conduite du
lieutenant-colonel Camon et du commandant

Serres. Traqués comme des bêtes fauves, les Kabyles se blottissent dans les ravins et dans des
jardins de cactus ; on les fusille à bout portant
dans leurs repaires. Une centaine de cadavres restent encore sur la place.

Dans ce brillant retour offensif, le gouverneur
se plut à distinguer son commandant de cavalerie,
le chef d'escadron de Cotte, le capitaine de Vernon
et quelques autres. La colonne expéditionnaire
rentra à Alger, le 15 juillet, et dans son rapport
au Ministre de la guerre, le gouverneur reconnut
l'impossibilité de faire connaître tous les épisodes
de cette longue et pénible campagne.

IX

Campagne d'hiver ;— Expédition contre Sidi-Embarrak ;— Révélations
d'un étranger déserteur ;— Murmures contre le général Tempoure ;
— Combat de l'Oued-Malah ; — Triomphe de Tartas ; — Mort
du Kalifa ; — Lettre ; — Expédition dans le désert.

Les héros d'Afrique n'ont pas montré moins
d'énergie dans les fatigues ignorées et sans gloire,
que de bravoure dans les combats. Ils dominaient
le péril à force d'audace, les marches accablantes
par un soleil brûlant ou des pluies torrentielles, à
force de patience et de belle humeur. Nos soldats
étaient heureux quand ils pouvaient, dans leurs
bivouacs, s'abriter sous un arbre ou derrière un

buisson. Le colonel de Tartas avait sa tente ; mais quand il lui fallait accorder quelques heures au sommeil, tout son lit était composé d'une simple peau de bouc. C'est tout ce qu'il avait de préservatif contre les aspérités rocheuses des montagnes, ou contre l'humidité glaciale d'un terrain détrempé par la pluie. Tartas avait alors cinquante ans, et il endurait ces fatigues comme un jeune et vigoureux soldat. Il s'en était fait une sorte d'habitude ; il y conservait toute son énergie, quand tant d'autres n'y trouvaient qu'un tombeau.

D'un autre côté, si les Kabyles étaient vaincus quand on pouvait les atteindre, il n'en est pas moins vrai que leurs balles isolées, sortant d'un pli de terrain, du milieu des broussailles ou du creux d'un rocher, faisaient tous les jours de nouvelles victimes. Parmi les soldats de la légion étrangère, la plupart sans aveu, sans discipline, il y en avait toujours quelques-uns sur la pente de la trahison et de l'assassinat. Un officier, de service à la Maison-Carrée, était tombé sous le poignard d'un soldat espagnol, du nom de Gomès. Pour échapper à la vengeance qui l'attendait, le meurtrier avait pris la fuite ; il avait trouvé grâce et encouragement auprès de Ben-Allel-Ould-Sidi-Embarrak, dont il était devenu l'espion.

De temps en temps, pour remédier à tant de

maux, on essayait de gagner par des présents la
soumission des Arabes et de leurs principaux
chefs. Au nom de la France, le gouverneur avait
donné un magnifique pistolet à ce même Sidi-Embarrak, de la tribu des Hachem de l'ouest, marabout vénéré, guerrier illustre, véritable héros des
temps anciens. Mais rien n'avait pu détacher l'ex-
kalifa de Milianah de la cause de son maître.

Abd-el-Kader avait alors établi le centre de ses
opérations du côté du Tell, vers les forêts qui séparent cette contrée des plateaux du Sersous. Elles
servaient de refuge à ses bataillons réguliers, vivant
de glands et des dépouilles des tribus voisines.
Vainement les généraux de Lamoricière et Tempoure traquaient l'émir à travers ces forêts; toujours il leur échappait, et toujours il se montrait
de nouveau, pour entretenir la guerre : c'était pour
lui la guerre de l'indépendance.

On était au mois de novembre 1843, et le gouverneur, qui venait de recevoir le titre de maréchal, entrait à Mascara avec une pompe inaccoutu-
mée. Le son des trompettes avait annoncé sa marche triomphale. Il était escorté des beaux escadrons
du 4e chasseurs, ayant à leur tête le colonel de
Tartas. La cavalerie de la province d'Oran était
trop peu nombreuse et trop fatiguée, et rien ne
fut épargné par les généraux de Lamoricière et

Tempoure pour obtenir du maréchal Bugeaud les beaux escadrons du 4e. Le maréchal faisait la sourde oreille, dit M. le comte de Castellane, dont je mêlerai le récit au récit du *Moniteur*, et des témoins qui m'ont renseigné pour l'expedition que je raconte.

Cependant chaque jour amenait à Mascara des déserteurs réguliers qui venaient apprendre la situation et les desseins d'Abd-el-Kader. Les défiances qu'on avait d'abord conçues disparurent peu à peu, et il ne fut plus permis de douter que l'émir avait conçu quelque vaste projet. Pour son exécution, il avait mandé son kalifa Ben-Allel-Ould-Sidi-Embarrak, avec ses bataillons.

Devant l'imminence du danger, le maréchal se décida au sacrifice qu'on lui demandait; il accorda au général Tempoure les escadrons du 4e pour empêcher la jonction de Sidi-Embarrak avec Abd-el-Kader.

Le général Tempoure partit le 6 novembre de Mascara, où le colonel Géry était venu se ravitailler, tandis que le gouverneur et le général de Lamoricière s'en allaient à Oran, où les appelaient de graves intérêts.

Après trois jours de marche, on arrive à Assiel-Kerma, lorsqu'un inconnu se présente au général Tempoure. C'est un déserteur de Sidi-Em-

barrak, dont l'œil farouche et les yeux hagards trahissaient une émotion violente. Il promet au général de lui faire connaître la marche et la position du kalifa, à la condition qu'on lui assure le grade de maréchal des logis dans les spahis. Tempoure accepte avec réserve les révélations de l'étranger. Il le fait surveiller, en l'avertissant qu'il répondra sur sa tête des ouvertures qu'il vient de faire au général. D'après ces révélations, Sidi-Embarrak était parti, la veille au matin, de Tamsert, près de Djerf-el-Guébli. Il se dirigeait vers l'ouest, pour faire sa jonction avec l'émir, qui devait l'attendre à El-Gor, au sud de Tlemcem. Le 9 au soir, on n'était donc qu'à trois marches de l'ennemi, et il ne s'agissait plus que de le gagner de vitesse, malgré les grandes difficultés.

Dans ce dessein, il fallait alléger la colonne, et 600 hommes d'infanterie étaient envoyés à Ouïzert, pour diriger un convoi à Sidi-bel-Abbès, qui devenait la base d'opération. La colonne ainsi allégée, Tempoure part à minuit d'Assi-el-Kerma avec 800 hommes d'infanterie, trois pièces d'artillerie, 450 chevaux des 2e et 4e régiments de chasseurs, 50 spahis d'Oran, et une trentaine de cavaliers indigènes. Il arrive le 10, à 9 heures du matin, à Tamsert, où les restes du bivouac confirment les révélations d'Assi-el-Kerma. D'autres traces indiquent suffisamment la direction prise par l'ennemi. Le temps était affreux, la pluie tombait par torrents; mais elle n'épargnait pas plus les Arabes que les Français. L'espérance de rencontrer le kalifa de l'émir ranimait l'ardeur de nos soldats. On se remet en marche après deux heures de repos, et le soir on arrive à Ain-Bouchegara, où l'on couche sur un nouveau bivouac de l'ennemi, jonché de dépouilles d'animaux encore fraiches. Du jour où l'on était tombé sur les traces des Kabyles, les clairons ne sonnèrent plus, les tambours avaient cessé de battre. Pour atteindre l'ennemi, il fallait le surprendre.

Deux misérables habitants de la tribu des Djaffras, ramenés au camp par les rôdeurs arabes, refusèrent d'abord de parler. Un canon de fusil appliqué sur leur front rompit leur silence. Ils apprirent que les réguliers avaient couché, la veille, sur l'Oued-Khacheba, à cinq lieues d'Aïn-Boucheraga, et qu'ils s'y trouvaient encore le 10, à 9 heures du matin.

La pluie tombait toujours par ondées, et le terrain détrempé était déclaré presque impraticable par les deux prisonniers du Djaffra. Les soldats commençaient à murmurer, et le général faisait des efforts inouïs pour leur persuader que le ciel favorisait leur dessein en retardant ainsi la marche du kalifa. Mais d'horribles difficultés avaient épuisé toutes les forces, surtout celles de l'infanterie. Tempoure, dans son rapport, renonce à décrire tout ce que l'armée avait éprouvé de fatigues, dans cette longue marche, à peine interrompue par quelques haltes. On repart à minuit, la colonne précédée, comme toujours, par les spahis. Laissons maintenant parler M. de Castellane, qui faisait partie de cette expédition, dans le 4e chasseurs :

« Par moments, il s'élevait des rafales de vent, et la pluie tombait, puis l'instant d'après, la lune éclairait l'étroit sentier qui serpentait le long des collines à travers les rochers, les thuyas et les genevriers. Pas une pipe n'était allumée, le silence le plus profond régnait, troublé seulement par le bruit d'une chute, lorsqu'un fantassin, dont les yeux saisis par le sommeil, s'étaient fermés malgré la marche, trébuchait contre un obstacle du chemin. Il arrivait ainsi aux plus vigoureux de céder à la fatigue ; les éclaireurs seuls avaient toujours le regard au guet. Le jour parut enfin, l'on vit une fumée légère ; hélas ! ce n'était encore qu'une déception : les feux achevaient de se consumer, les réguliers étaient partis.

« L'espoir qui avait soutenu jusque-là les forces des soldats, les abandonna tout à coup ; on n'en-

tendit que cris et malédictions ; chacun maugréait
après le général. La grande halte se fait pourtant
dans un bas-fond, et pendant que les soldats man-
gent, les batteurs d'estrade annoncent au général
que les traces des bataillons sont toutes fraîches
et de la nuit même. Le général Tempoure hésita
une seconde ; son parti fut bientôt pris cependant, et l'ordre du départ fut donné. Alors s'éleva
dans le bivouac une grande clameur. Il veut nous
tuer tous ! criaient les soldats qui, depuis soixante-
dix heures, n'avaient pris que quelques moments
de repos. On obéit pourtant, et l'on se met en marche. Au bout d'une heure, les traces tournent au
sud ; de ce côté, plus d'eau assurée ! N'importe, il
faut avancer, car les traces sont de plus en plus
fraîches : voilà un cheval abandonné, à quelque
distance, un bourriquet. Nous les tenons, ces bri-
gands-là ! disent les soldats, et ils retrouvent des
forces. »

Enfin, vers onze heures, on aperçoit une épaisse
fumée qui sort d'un bois, à l'origine de la vallée
de l'Oued-Malah, qui borde les montagnes rocheuses des Kefs. L'ennemi était là, et tous les cœurs
ont tressailli. On s'apprête au combat, les man-
teaux sont roulés, les chevaux sanglés. Le 2e chasseurs, qui ne connaît pas sans doute les habitudes
du commandant, s'apprête à attaquer les réguliers

5

à coups de fusil. « Quels sont ces hommes qui parlent de poudre, s'écrie le colonel, je ne connais que le sabre pour battre l'ennemi. Le fusil en bandoulière ! » Il dit, forme sa cavalerie en trois colonnes, fortes chacune de deux escadrons, avec deux escadrons en réserve derrière la colonne du centre, dont Tartas se réserve la direction immédiate. L'infanterie, oubliant ses fatigues, suivra au pas de course.

Bientôt on s'ébranle, et à ce moment un coup de fusil se fait entendre ; c'est une vedette que nos éclaireurs n'ont pu surprendre. L'Arabe gravit la colline au galop, agitant son burnous ; les tambours des réguliers battent la générale ; un frémissement court les rangs des Français. Sidi-Embarrak forme ses deux bataillons en colonnes serrées, drapeaux en tête, et, après une marche au son du tambour, il attend bravement l'orage qui va fondre sur lui. Les nôtres ont le sabre en main, les chevaux sont au galop, le colonel de Tartas est à la tête ; son adjudant Deveslud le suit de près, son cheval, aussi rapide que le vent, va dépasser le colonel. Tartas bondit et menace de son sabre l'intrépide adjudant ; il veut avoir l'honneur de pénétrer le premier dans les rangs ennemis. Deveslud a compris tout ce qu'il y a de grand et d'héroïque dans le mouvement de son colonel,

qu'on a déjà surnommé le Murat africain, et tous
les deux pénètrent en même temps dans les rangs
ennemis. La fusillade à bout portant n'a pas arrêté
la charge, qui se fait dans un ordre admirable et
irrésistible. Le brave Caulincourt, après avoir fait
des prodiges, reçoit au front une blessure grave ;
le sang ruisselle, les chairs sont pendantes ; un
soldat le reçoit sur ses épaules et le porte à l'ambulance, en traversant le théâtre du combat, un
vrai champ de morts.

C'est surtout vers la tête de la colonne que se
précipitent nos chasseurs et nos spahis ; c'était là
qu'étaient les drapeaux ; leurs défenseurs sont
sabrés, et ces glorieux trophées, des tambours,
600 fusils, des sabres, des pistolets en grand nombre, restent au pouvoir des Français. 500 cadavres, affreusement mutilés par les sabres de nos
chasseurs, sont gisants sur le champ du carnage.
On y reconnaît deux commandants de bataillon et
18 sciafs (capitaines). On fait encore 364 prisonniers, et l'on prend 50 chevaux avec leurs harnache-
ments, et un grand nombre de bêtes de somme.

Témoin de la mort de ses porte-drapeaux et de
l'horrible massacre qui venait de s'étendre autour
de lui, Ben-Allel, avec quelques cavaliers, cherchait à fuir à travers la pente rocheuse des Kefs,
mais son cheval était blessé, et le secondait mal

dans sa fuite. Il n'est pas reconnu, mais à la blancheur de ses vêtements, à la richesse de ses harnais, à son port majestueux, le capitaine Cassaignolles a compris les allures de quelque grand chef. Accompagné des deux brigadiers, Gérard et Labossay, et du maréchal des logis, Alfred Siquot, il se met à la poursuite de l'ennemi. Labossay arrive le premier; il approche en voyant l'illustre Kabyle lui présenter la crosse de son fusil, comme pour se rendre. Il approche encore, et il est étendu raide mort. A ce moment, Siquot blesse à la tête le terrible chef, qui se défend comme un lion contre ses ennemis. Loin de l'abattre, sa blessure ne fait que l'irriter; il devient furieux. D'un coup de pistolet, il traverse le bras de Siquot et abat le cheval de Cassaignolles. N'ayant plus de feu, il se défend avec son yatagan, quand le brigadier Gérard met fin à cette lutte inégale et désespérée, en lui tirant un coup de pistolet à brûle-pourpoint. Cassaignolles ne connaissait pas encore l'ennemi terrassé, mais il l'avait soupçonné en voyant son courage, son sang-froid, son habileté à manier les armes. Un signe connu de tous dissipa bientôt ses doutes. Un œil lui manquait. C'était bien le fameux Ben-Allel-Ould-Sidi-Embarrak *le borgne*, comme l'avaient surnommé les Arabes. Gérard, qui l'a terrassé, lui coupe la tête, pour que les tribus ne doutent pas de sa mort, et chacun se rend au ralliement qui sonnait.

Fièrement debout sur le champ de bataille, Tartas se voit en ce moment entouré de ses compagnons d'armes. Chacun s'empresse de rendre hommage à l'illustre commandant de la cavalerie, auquel reviennent tous les honneurs de la victoire. Cassaignolles se présente à son tour. « Colonel, lui dit-il, cette journée est la vôtre ; à vous appartiennent les armes du kalifa. — Merci, brave Cassaignolles, j'accepte volontiers le fusil et le pistolet, ce pistolet que la France lui avait donné, et que le traître avait tourné contre la France Le yatagan est à vous. »

Le général Tempoure s'empressa d'envoyer à Oran, au général de Lamoricière, une députation chargée de lui présenter les trophées de l'Oued-Malah, c'est-à-dire la tête de Sidi-Embarrak et les trois étendards, pour être portés à Alger. C'était le drapeau d'Abd-el-Kader, pris par le sous-lieutenant Ben-Craïa des spahis d'Oran, le drapeau de Milianah, ou du bataillon de Sidi-Embarrak, pris par Deveslud, adjudant du colonel de Tartas, et le drapeau de Médéah, ou du bataillon d'el-Berkani, enlevé par Mohamed-ben-Bouhonenia, du 1er escadron des spahis d'Oran. Ces trois vainqueurs composaient naturellement la députation.

Tempoure leur adjoignit Gérard, qui avait abattu le kalifa, et le capitaine Cassaignolles, qui fut chargé de porter à Paris et d'offrir au roi les trois étendards conquis sur l'ennemi.

En traversant la tribu des Beni-Amer, la députation fut assaillie par les populations de ces contrées, terrifiées par la journée de l'Oued-Malah. On avait peine à croire à la mort du kalifa, qu'on croyait invincible. Pour les convaincre, on fut contraint, malgré la répugnance des Français pour cet usage barbare, de porter sa tête au bout d'une pique. Il ne fallut rien moins pour anéantir le prestige exercé sur ces populations par le guerrier marabout.

Après cette mémorable victoire, qui fut d'une si grande influence pour notre conquête d'Afrique, le général Tempoure se dirigea sur Bel-Abbès, et Tartas sur Saïda. De là, le colonel écrivit à son frère, le 28 novembre :

« Mon cher Eugène, un Arabe qui part dans une heure pour Oran, se charge de nos lettres. Nous arriverons après-demain à Mascara, après une course d'un mois sans prendre haleine, courant de tous côtés et par un temps affreux. Ceux qui regardent la vie du soldat comme une existence digne d'envie sont vraiment plaisants. Heureusement qu'un dédommagement nous a été offert. La cavalerie était sous mes ordres à notre départ de Mascara. Avec elle j'ai fait, assure-t-on, de véritables prodiges. On dit que la journée de l'Oued-Malah sera une des belles pages de l'histoire d'Afrique, et digne du temps impérial.

« Ces deux bataillons de réguliers, commandés par le premier kalifa de l'émir, ont été sabrés et foulés aux pieds de nos chevaux. Tout ce qui a pu échapper à la mort a été pris, et la plupart avec des blessures épouvantables. Ses trois drapeaux, ses tambours, rien n'a échappé. Je conserve comme souvenir les trois caisses prises par mon régiment. L'étendard du bataillon de Milianah, pris par mon adjudant, est envoyé à Paris. Mille félicitations m'ont été prodiguées sur le champ de bataille de la manière la plus expansive : j'en étais vraiment trop fier. C'était, en effet, la plus belle récompense qu'on pût accorder à ma conduite, et celle que je devais le plus apprécier.

« Tu peux dire à cette excellente Mᵐᵉ Lamothe que les balles ne tuent pas tout le monde ; qu'elles ont constamment sifflé à mon oreille, et que je ne laisse pas de me porter très-bien. »

Enfin, on était de retour à Mascara, et il restait un compte à régler avec le déserteur de Ben-Allel, qui avait rendu, par ses révélations, un service éminent à la colonne expéditionnaire. Le général

Tempoure, sans trop s'expliquer sur le grade qu'il demandait, avait cependant accepté ses services. Introduit devant lui, en présence des officiers de l'état-major, du chef du bureau arabe, M. Charras, il est examiné avec soin ; on entend ses réclamations. Les règlements militaires s'opposent à la promotion qu'il sollicite ; il répond que les règlements militaires sont au-dessous du service qu'il a rendu. On le prie d'attendre ; il est impatient jusqu'à l'insolence. Il s'exprime difficilement en français, et son accent a déjà trahi sa nationalité. Parmi les officiers, il en est un qui l'épie avec des yeux d'aigle, parce qu'il a déjà conçu de graves soupçons. Quand il le voit prendre un ton si hautain et si déplacé : « On est capable de trahir les Français, lui dit-il, quand on a trahi son maître, et tu n'en es pas à ton coup d'essai. — Il est vrai, j'ai servi autrefois dans la légion étrangère, mais... — Oui, à la Maison-Carrée ! » l'étranger pâlit. « Misérable ! tu as assassiné ton officier de service. Tu porteras, Gomès, le châtiment de ton crime et de tes perfidies. » Gomès est jeté dans un cachot, jugé à Oran par un conseil de guerre, reconnu l'auteur du drame de la Maison-Carrée, et passé par les armes.

Plusieurs héros de l'Oued-Malah recevaient, un mois après, une récompense bien autrement con-

solante; c'était, selon l'expression des Arabes, le
témoignage du sang, la croix d'honneur, toujours si glorieuse pour le soldat. Tartas reçut lui-
même la croix de Commandeur, mais il fut vivement irrité de la part faite à son régiment. Six
croix seulement lui furent accordées, sur dix qu'il
en avait demandé pour la récompense des braves
qui avaient si vaillamment combattu.

Enfin toute la colonne expéditionnaire était ren-
trée à Mascara, et l'on espérait que la portion de
la tribu des Djaffras, jusqu'alors insoumise, vien-
drait, après le combat du 11 novembre, faire sa
soumission. Les principaux chefs avaient bien écrit
pour demander l'*aman*, c'est-à-dire la paix avec le
pardon, mais ils ne se pressaient pas d'accomplir
leur dessein. Pour les y contraindre, Tempoure
repartit le 13 décembre, et les atteignit près de
Sidi-Kralifa. Kralifa était un petit kseur du désert,
situé sur le Chott-el-Ghergui, et servant d'entre-
pôt au commerce entre les tribus du Tell et celles
du Sahara. Après un léger combat, on fit une
grande razzia sur les tribus insoumises. Une partie des Hamyanes-Garabas, campés de l'autre côté
de la Sebghra, entendirent la fusillade et virent
arriver jusqu'à eux les debris de la razzia.

Ce coup de main n'eut pas une grande importance, mais il faillit coûter la vie au colonel de

5*

Tartas. Il passait dans un étroit sentier quand il fut ajusté par un cavalier arabe, couché au milieu des broussailles. Averti par les siens, Tartas fait faire à son cheval un mouvement, et détourne le coup. Furieux de cet affront, il s'élance sur le cavalier, l'atteint et le perce de son sabre. Le coup fut si rude qu'il en reçut au poignet une vigoureuse entorse. Le général Tempoure voulait signaler ce fait dans son rapport, le colonel jugea qu'il n'en valait pas la peine. La campagne d'hiver était terminée, et Tartas s'en allait à Mostaganem passer l'inspection d'un de ses dépôts.

Déjà on avait compris toute l'influence de la grande victoire du 11 novembre, et le maréchal Bugeaud ne la cachait pas. Si la paix régnait en ce moment, si les travaux de la colonisation étaient favorisés, il en rendait solennellement hommage à ce qu'il appelait la brillante journée de Tartas et de son régiment.[1] Les deux bataillons des réguliers d'Abd-el-Kader faisaient trembler les tribus soumises à notre domination; une demi-heure avait suffi pour les anéantir.

[1] La plupart des historiens ont signalé les immenses résultats de cette journée. « Ce combat, disent les capitaines du génie Rozet et Carette, trancha définitivement la question de guerre. Dans les tribus de l'intérieur, nous devinmes les véritables possesseurs du pays. L'émir fut rejeté dans le Maroc. » — (*Univers pittoresque.*)

« Il faut cependant l'avouer, écrivait le colonel de Tartas, c'étaient de terribles gaillards, qui tous sont morts dans leur carré et face en tête. Depuis ce moment, le sultan erre sur les frontières du Maroc, dit-on ; mais au juste, personne n'en sait rien. »

X

Lettre ; — Combat de l'Hessi-Sidi-Mohamed ; — Bataille de l'Isly ; — Lettre.

Le fils de Mahiddin était un personnage qui tenait vraiment du mystérieux. Le sol manquait-il sous ses pieds dans un endroit, il se portait dans un autre. Aujourd'hui abandonné, demain à la tête d'un corps hardi et nombreux. On le proclamait vaincu, on le croyait mort, il reparaissait plein de force et de vie. C'était un véritable spectacle que cette résurrection quotidienne, ce courage indomptable que rien ne pouvait ébranler. Le général Tempoure fut encore chargé de le poursuivre à la campagne qui s'ouvrit au printemps de 1844. Laissons parler Tartas :

« Frontière du Maroc, le 6 Avril 1844.

« Mon cher Eugène,

« Tes lettres m'amusent beaucoup par tous les

détails qu'elles renferment. Continue donc sur le
même ton, et n'en sois pas si avare. Tu as tout le
temps de m'écrire, tandis que moi, pauvre diable,
je suis toujours en course, traquant cet émir dans
toutes les directions sans pouvoir l'atteindre, ce
qui devient fastidieux, et une guerre des plus pénibles. Pas la moindre diversion à nos fatigues, si
ce n'est une pluie qui tombe par torrents.

« Jamais expédition ne fut plus pénible, au
dire des vieux Africains. Il faut que nos chasseurs
soient trempés comme ils le sont pour résister à
de pareilles épreuves. La plupart du temps sans
bois et couchés dans l'eau. Au réveil, ces malheureux font pitié. Avec cela, rien ne les étonne, sou-
pirant toujours après le moment qui leur fera
rencontrer l'émir. Nous sachant à Mostaganem,
il est venu, il y a environ deux mois, se ruer,
avec quelques réguliers, sur les tribus campées
non loin de Mascara, pour enlever leurs troupeaux et leur couper quelques têtes. Cela a occa-
sionné mon départ précipité de Mostaganem, et
l'ordre à la colonne de Mascara de se mettre en
campagne sur le champ, contre toutes les habitudes et la santé du soldat, qui a terriblement à
souffrir du mauvais temps, dans cette saison toujours mauvaise en Afrique. Il a fallu se rendre aux
exigences du moment, et se mettre à la poursuite

de cet Abd-el-Kader qui, bien que réduit, comme
on le raconte, à la plus grande détresse, n'en fait
pas moins marcher tout le monde. A la vérité,
cette province est celle qu'il affectionne le plus, la
plus guerrière, celle où il a trouvé et où il trou-
verait encore le plus de partisans, si l'on cessait
un instant de les tenir sur le qui vive.

« Ma colonne est toujours commandée par le
général Tempoure ; et sa cavalerie, composée de
trois escadrons de mon brave régiment et de trois
escadrons de spahis réguliers, commandés par le
colonel Yusuf, est sous mes ordres. Avec elle, si
nous pouvions atteindre l'émir, je ferais de la
bonne besogne ; mais me voilà sur la frontière du
Maroc, au milieu d'un vaste désert, et n'ayant pas
aperçu, depuis mon départ, âme qui vive ; chose
bien amusante vraiment ! et pour nous amuser
encore davantage, une pluie qui n'a pas cessé un
seul jour ! Nous sommes menacés, après la pluie,
de chaleurs excessives, qui nous apporteront, sans
nul doute, beaucoup de maladies. Nos incrédules
de France, qui ne veulent en tâter à aucun prix,
devraient être envoyés ici pour en essayer un peu,
et surtout certains messieurs que l'on nomme généraux, et qui n'ont pas vu brûler une amorce !

« Tu conviendras, mon cher ami, qu'il vaudrait
beaucoup mieux être à Mézin, parmi vous tous,

que de s'exténuer par ambition, et pour satisfaire quoi? la gloriole d'être appelé général. A l'heure qu'il est, il est vrai, si le gouverneur n'avait eu une affection toute cordiale pour un colonel d'Afrique, son ancien camarade à l'armée d'Aragon, tout le monde dit que je serais déjà porteur des deux étoiles (maréchal de camp), mais que veux-tu, il faut s'en consoler.

« J'ai encore à manœuvrer, soit dans le désert, soit dans les montagnes. C'est un métier de chien, lorsqu'il n'y a pas un coup de fusil à recevoir et des coups de sabre à échanger. »

Le 2 juillet, le colonel put faire cet échange qu'il ambitionnait tant. Il était arrivé au Gor la veille, à dix heures du matin, avec la colonne du général Tempoure. On en repartit le soir, et à onze heures de la nuit on faisait une halte à l'Ogla-Dyyt-Feurd. Après y avoir laissé les bagages, on tomba, le lendemain, sur des douars appartenant à diverses tribus. On les atteignit au-delà de l'Hossi-Sidi-Mohamed, au sud-ouest de Sebdou, sur la frontière du Maroc. L'ennemi ayant offert une vive résistance, il fut sabré par les chasseurs et les spahis, qui enlevèrent un troupeau considérable : 20,000 moutons, 600 bœufs, 150 chameaux, 100 prisonniers. Dans son rapport, le général fit beaucoup d'éloges du colonel de Tartas, du capitaine Charras, qui commandait un goum du makzen de Mascara, et de plusieurs autres officiers.

Au retour de cette expédition, Tartas était rentré à Mostaganem. Le général Tempoure faisait tout ce qu'il pouvait pour le retenir dans sa colonne ; il avait raison, car il devait à Tartas son élévation ; il comptait même s'en servir encore dans l'espérance de monter plus haut. « Tempoure ne s'en cachait pas, dit le colonel dans une de ses lettres, car Tempoure était un excellent homme. » Mais enfin il était permis à notre héros d'avoir d'autres aspirations. Il lui semblait qu'il était attaché depuis une éternité, — je me sers de ses expressions, — à la colonne du général Tempoure, et il était impatient d'en sortir. Il crut en trouver l'occasion dans les graves dissentiments qui venaient d'éclater entre la France et le Maroc, au sujet de la protection accordée à Abd-el-Kader par l'empereur Mouley-Abd-er-Rhaman. Le gouverneur général concentrait ses forces vers les frontières marocaines, et tout faisait pressentir de graves événements.

Sur ces entrefaites, Emile de Tartas allait passer à Alger la visite de son dépôt pour le ramener à Mostaganem. Avant son départ, il écrivit au maréchal pour lui communiquer ses intentions.

Quelle ne fut pas sa joie, à son retour, de trouver une lettre qui allait au-devant de ses désirs, car les courriers s'étaient croisés dans le chemin. Le gouverneur lui donnait l'ordre de partir sans aucun retard pour Lalla-Maghrnia. Dans trois jours, le colonel franchit un espace de soixante-dix lieues. Le maréchal en fut frappé d'étonnement, et lui donna la direction de la brigade de cavalerie. L'arrivée de Tartas et le grand commandement dont il venait d'être investi furent salués par de vives acclamations. L'audace et le bonheur du vaillant soldat étaient connus de toute l'armée. Dans trois jours, il allait en donner l'éclatant témoignage.

Le fils aîné de l'empereur, Sidi-Mohamed, avait établi son camp vers les hauteurs qui dominent Ouchda, sur la rive droite de l'Oued-Isly. Enhardi par le fanatisme d'Abd-el-Kader, il ne parlait de rien moins que de chasser les Français de l'Algérie, et de rétablir les affaires de l'islamisme. Il manifestait sa confiance, matin et soir, par des salves d'artillerie et de* mousqueterie. Il avait d'ailleurs, pour l'appuyer, une armée superbe et nombreuse : 10,000 fantassins, 25 ou 30,000 cavaliers et 11 bouches à feu. Il n'attendait plus, pour attaquer les Français, que les contingents des Beni-Snassen et les montagnards du Riff. Le

maréchal ne pouvait opposer à toutes ces forces
qu'un petit corps de 8,500 hommes d'infanterie,
1,800 chevaux et 16 bouches à feu. Mais il avait
pour lui son habileté stratégique, la bravoure de
ses soldats, des chefs d'un grand renom, tels que
Lamoricière, Bedeau, Cavaignac, et, pour commander toute sa cavalerie, le colonel de Tartas,
que le traducteur des *Aventures de M. Bern*,
considère comme l'un des officiers les plus distingués de son arme. Au second plan, dans la cavalerie, étaient le colonel Yusuf et le brave Morris.

Le 13 août, le maréchal Bugeaud se porta en
avant en simulant un grand fourrage pour tromper l'ennemi sur son mouvement offensif. A la
tombée de la nuit, les fourrageurs revinrent sur
les colonnes, et celles-ci campèrent dans l'ordre
de marche, en silence et sans feu. Le 14, à deux
heures du matin, on se remet en mouvement ; au
point du jour, on passe une première fois l'Oued-
Isly, sans rencontrer les Marocains. A huit heures,
on arrive sur les hauteurs de Djerf-el-Akdar, et
l'on aperçoit les camps ennemis sur les collines de
la rive droite. Toute la cavalerie s'était avancée
pour disputer le second passage de la rivière. Au
milieu d'une masse qui se trouvait sur la partie
la plus élevée, on distinguait le camp du prince
impérial, ses drapeaux, son grand parasol, signe

du commandement. L'ordre remarquable dans lequel le maréchal avait disposé ses troupes rappelait par sa forme le *coin* d'Epaminondas. L'artillerie et l'ambulance occupaient le centre. La cavalerie s'étendait à droite et à gauche, entre l'artillerie et l'infanterie. Le colonel Cavaignac commandait l'avant-garde, le général Bedeau, la droite, le colonel Pélissier, la gauche, et le colonel Gachot, l'arrière-garde. Le maréchal se tenait derrière le bataillon le plus avancé.

Ce fut dans cet ordre que les troupes descendirent vers les gués de l'Isly, au pas accéléré et au son d'une musique guerrière. L'obstacle fut franchi sans peine, et l'on atteignit bientôt le plateau sur lequel se tenait le fils de l'empereur. Le feu de quatre de nos pièces de campagne y porta le plus grand trouble. Dans cet instant, une véritable avalanche de cavalerie fondit des deux côtés sur les Français, et les assaillit en queue et en flanc, avec une grande impétuosité. Notre brave infanterie reçut le choc sans s'ébranler, et les assaillants se mirent à tourbillonner, décontenancés et criblés par la mitraille.

Cependant, l'artillerie marocaine n'était pas sans jeter quelque désordre dans nos rangs, et le moment décisif était arrivé. Tartas échelonne ses 19 escadrons sur la gauche, de manière à appuyer son dernier échelon sur la rive droite de l'Isly; il donne à ses braves le signal de se précipiter sur le camp marocain qui vomit la mitraille.

Yusuf, qui commande le premier échelon, composé de six escadrons de spahis, soutenus par trois autres du 4ᵉ chasseurs, s'élance au galop; mais ses spahis sont un instant arrêtés par les décharges de l'artillerie. Les escadrons du 4ᵉ, qui ne surent jamais reculer, se précipitent à la voix de leur chef, sans brûler une amorce, et tombent comme la foudre sur les artilleurs ennemis qui sont sabrés sur leurs pièces avant d'avoir pu les recharger. Enhardis par tant d'audace, les spahis reprennent vivement l'offensive, et entrent avec les chasseurs dans les camps marocains.

De son côté, le colonel Morris se précipite sur une masse de cavaliers qui couraient sur l'aile droite des Français. Il brise leur charge, mais il est entouré par une force décuple et soutient une lutte terrible. Bientôt 300 cavaliers, Berbères ou Abids-Bokari tombent sous les coups de ses soldats. Mais ses escadrons, engagés contre 6,000 cavaliers ennemis qui combattaient vaillamment, ne pouvaient longtemps soutenir cette lutte inégale. Un puissant secours lui vient à propos et le dégage; il reprend l'offensive et se distingue encore par plusieurs charges brillantes. Le désordre, la désolation et la mort courent dans les camps marocains, qui sont jonchés de cadavres d'hommes et de chevaux. Mais c'est l'intrépide régiment de Tartas qui a la plus belle part de cette grande journée. Il a fait taire les canons ennemis et s'en est emparé ; il a broyé le camp du prince impérial, s'est emparé de ses drapeaux, de sa tante et de son pavillon.[1]

D'autres drapeaux, d'autres trophées en grand nombre furent apportés sous la tente impériale. Les Marocains laissèrent sur le champ de bataille plus de 800 cadavres, presque tous de la cavalerie, et leurs blessés furent évalués au nombre de 1,500 à 2,000. Les Français ne perdirent que 4 officiers tués, 10 autres blessés ; 23 sous-officiers ou soldats tués et 86 blessés A midi, le gouverneur fit cesser la poursuite des fuyards, qui se dirigèrent les uns du côté de Thaza, les autres vers les montagnes des Beni-Snassen. Le maréchal des logis Vialard, l'un de nos compatriotes,

---

[1] Tartas cité par le maréchal au nombre des officiers supérieurs qui ont le plus contribué au gain de la bataille, cite lui-même, dans son rapport, parmi ceux qui se sont le plus distingués dans son régiment, le commandant Crestey, le capitaine adjudant-major Bastide. l'adjudant Devestud, le sous-lieutenant Nyel, beaucoup d'autres officiers, sous-officiers et soldats, et parmi ceux-ci, les chasseurs Darguet et Hugues, qui ont pris chacun un drapeau.

se distingua, dans cette journée, comme dans tant d'autres combats. Tartas l'aimait beaucoup à cause de son courage, mais il regrettait de ne pouvoir lui faire donner les épaulettes.

Le 29 août, le colonel de Tartas était encore sur les bords de l'Oued-Mouïlah qui, après avoir reçu les eaux de l'Isly, va se jeter dans la Tafna. De ce bivouac, il écrivit à son frère, mais très-laconiquement, parce qu'il avait écrit à M. Hector Depère, sur le champ même de bataille pour lui donner tous les détails de cette glorieuse journée, et surtout le rôle qu'y avait joué la cavalerie. Malheureusement, cette dernière lettre n'a pas été retrouvée, et je ne puis donner que la première :

« Au bivouac de Mouïlah, 29 Août 1844.

« MON CHER EUGÈNE,

« Avant de te narrer ce qui vient de se passer de glorieux pour nos armes, je t'annonce avec plaisir que j'ai pu donner le grade de fourrier à ton protégé Dabos, pour sa belle conduite dans l'affaire du 14. Sa famille verra avec plaisir son nom figurer dans le bulletin officiel Tu vois, mon cher ami, que je n'oublie rien, malgré mes grandes occupations.

« Attaché depuis une éternité à la colonne du général Tempoure, il me tardait de faire partie d'une colonne principale, et surtout de celle qui devait jouer un si grand rôle dans les affaires du Maroc... Mon bonheur a été à son comble dans cette journée, si glorieuse pour nos armes, et où la cavalerie française surtout, quoique si infé-rieure en nombre, a montré tout ce dont elle est capable, quand elle est bien commandée. Pour être laconique dans ma narration, il me suffit de te dire que le succès a été complet ; que le prince impérial, qui s'était flatté de nous passer sur le ventre pour aller planter ses étendards sur les murs d'Alger, a été terriblement désappointé dans son fanatisme. Il court encore, mais du côté opposé, ralliant avec peine les débris de son armée, laissant en notre pouvoir ses quatre camps, avec un butin immense, onze pièces d'artillerie et tout son matériel.

« A la suite de cette brillante affaire, j'ai été compris dans les propositions pour le grade de maréchal de camp, nomination que tout le monde regarde ici comme assurée, mais qui pourra éprouver des retards.

« Aristée, que je sais être aux eaux, me donn des regrets de sacrifier tout à la gloire. Il vaudrait beaucoup mieux, j'en conviens, être avec lui pour

courir les chevreuils des Pyrénées que les Marocains ou l'émir dans le désert.[1]

« Tu diras à ce brave Victor de Poul que je
veux lui envoyer le plan de bataille pour la journée du 14. Je te quitte, mon cher Eugène, pour
aller prendre un bien frugal repas sous un gourbi
de lauriers roses. »

XI

Expédition dans le désert contre les Ouled-Ali-Ben-Hamel; — Combat
dans la plaine des Chotts; — Vives escarmouches; — Description du Mirail; — Carboste, Mézin, Parron, Tourouna,
Trignan; — L'enfant du malheur; — Le dîner; — La
visite à la salle d'armes; — Le couteau de l'Isly.

La campagne du Maroc avait exercé une salu-
taire influence sur la tranquillité de toute l'Algérie, et le maréchal Bugeaud s'en alla goûter en
France le prix de ses travaux, après avoir laissé
le gouvernement, par intérim, des trois provin-
ces conquises, au lieutenant-général de Lamoricière.

On croyait que la victoire de l'Isly serait le dé-
nouement du drame, ce n'était qu'un entr'acte.
Les populations du désert et du Tell, qui avaient

[1] M. Aristée, frère de M. Emile de Tartas, a longtemps servi
dans la marine avec le grade de lieutenant de vaisseau.

fait leur soumission, redoutaient la réapparition
d'Abd-el-Kader dans leur pays. Pour les rassurer,
on résolut une démonstration contre les Ouled-Ali-
Ben-Hamel, qui avaient commis de graves désor-
dres. Le général Korte, qui commandait à Sidi-
bel-Abbès, fut chargé de cette mission.

Sa colonne, où se trouvait alors cinq escadrons
du 4e de chasseurs d'Afrique, sous les ordres du
colonel de Tartas, partit le 5 novembre de Sidi-
bel-Abbès. Pour dissimuler le but de ce mouvement, le général fit courir le bruit d'une marche
vers Saïda. Le même jour, il bivouaquait sur
l'Oued-Métreïr; et, le lendemain, il reprenait le
chemin de l'ouest. Dès ce moment, toutes les
marches se firent en silence, et les feux furent
soigneusement dérobés à l'ennemi.

Après avoir franchi l'Oued-Taouïra, la colonne
allait s'établir sur le bivouac d'Aïn-Tagouraya. Là,
quelques-uns des éclaireurs arabes, détachés par
le capitaine Charras, vinrent, dans la soirée, apprendre au général qu'un grand nombre de tribus
insoumises étaient campées sur les chotts, igno-
rant les mouvements de la colonne expéditionnaire.

Le lendemain, le général prit le devant avec une
petite colonne, forte de 270 chevaux du 4e, 240
de spahis, 500 hommes d'élite du 6e léger et du

44ᵉ de ligne, amenant une pièce de campagne et
une demi-section d'ambulance. Il laissa à Aïn-Tagouraya son convoi, avec 800 hommes environ
d'infanterie, sous le commandement du chef de
bataillon Vinoy. Le 11, à six heures du matin,
la petite colonne arriva en vue de l'immense plaine
qui sépare les chotts, ou grands lacs marécageux
du désert. A mesure qu'on avançait, on apercevait
la fumée des douars nombreux établis au loin, et
bientôt on put distinguer les tentes, des troupeaux
considérables, des chameaux, dont la silhouette
semblait dessiner un horizon montagneux. 500
cavaliers, sans compter les fantassins, défendaient
cette cité ambulante.

Le moment de commencer la razzia était venu.
Le colonel de Tartas partage sa cavalerie en trois
colonnes parallèles. La première, composée de
quatre escadrons de spahis, commandés par le
lieutenant-colonel de Montauban, devait opérer
sur la droite; la seconde, composée de 3 escadrons
du 4ᵉ chasseurs, sous les ordres du lieutenant-colonel Berthier, agirait sur le flanc gauche. Tartas
allait marcher droit au centre avec les deux autres
escadrons du 4ᵉ. L'infanterie fut dirigée, avec le
convoi, vers les puits de Bou-Gorn; la cavalerie
approchait des premières tentes.

Les dispositions ainsi prises, Tartas fait sonner

6

la charge, les chevaux prennent le trot, et la razzia commence sur tous les points. Mais bientôt les cavaliers ennemis semblent se multiplier, et font des efforts opiniâtres pour arrêter le mouvement des Français. Montauban et Berthier brisent l'obstacle et ramènent une prise considérable. Un peloton de spahis, sous les ordres du capitaine Adrien, était moins heureux, et soutenait une lutte acharnée, écrasé par un ennemi qui l'entourait avec des forces dix fois plus nombreuses. Le porte-fanon Thomas a déjà succombé, mais le drapeau est sauvé. La mort plane aussi sur la tête du capitaine Adrien, qui fait des prodiges ; le maréchal des logis Mignot la détourne, et sauve la vie à son capitaine. Ces braves auraient peut-être succombé dans cette lutte effroyable, mais le général Korte et le colonel qui commande la cavalerie ont l'œil à tout. Tartas, à la tête de son 2e escadron, le lance au pas de charge, ayant à ses côtés l'intrépide Charras, dégage les spahis, et ramène une quantité considérable de bestiaux que la charge avait dépassés. C'était le 11 novembre, jour mémorable pour les spahis et les chasseurs du 4e régiment. Ils venaient de célébrer le glorieux anniversaire de l'Oued-Malah.

Le soir, malgré l'extrême fatigue des chevaux, la colonne avait rallié l'infanterie au bivouac des puits de Bou-Gorn. Bientôt les feux sont allumés, la ration cuite, le soldat est content, la razzia est superbe : 25,000 moutons, agneaux où chèvres, 400 bœufs, autant de chameaux, 300 bêtes de somme, un grand nombre de chevaux équipés, des armes de toute espèce, un immense et riche butin, 136 prisonniers. La razzia qui frappa principalement les Ouled-Aïi-ben-Hamel, atteignit aussi une grande quantité des Ouled-Ziane et des Ouled-Balaghr.

Le 12 novembre, la colonne repartit à onze heures du matin. On arrivait à peine sur les hauteurs qui dominent les puits de Bou-Gorn, qu'environ 300 cavaliers vinrent assaillir l'arrière-garde, commandée en personne par le général Korte. Ses tirailleurs dispersèrent l'ennemi. D'un autre côté, le général fit lancer sur les Arabes, qui venaient de se ruer sur l'emplacement du bivouac, deux obus qui portèrent la terreur et la confusion. Mais, au moment où la colonne s'engageait dans un ravin escarpé et profond, les cavaliers arabes, d'abord contenus par le feu des tirailleurs, devinrent plus audacieux. L'obusier de montagne fut mis en batterie sur l'autre bord du ravin ; les tirailleurs commencèrent un retour offensif au pas de course, et l'escadron commandé par M. de Cotte fut lancé à la charge. De Cotte reçut à la tête un coup de feu, qui, heureusement, ne fut pas mortel. Quelques Arabes restèrent sur le terrain, et l'ennemi, refoulé de toutes parts, ne reparut plus qu'en petit nombre et à de rares intervalles.

Le 19, la colonne rentrait sans autre incident à Sidi-bel-Abbès, d'où le général adressait son rapport au gouverneur par intérim de Lamoricière. Le rapport citait principalement le capitaine d'artillerie Charras, dont le zèle éclairé, l'activité et la parfaite connaissance des affaires arabes et du pays avaient puissamment contribué au succès des opérations. Parmi les citations, on distingue encore, dans le 4e chasseurs, le capitaine Wampers, et les maréchaux des logis Thevet et Vialard.

Quelques jours après, une grande portion des Ouled-Ali-ben-Hamel venait faire sa soumission au général Korte; l'agitation qui régnait encore chez les Djaffras avait disparu; Le général Cavaignac, commandant la subdivision de Tlemcen, accordait l'aman à quelques tribus, effrayées de la grande razzia du 11 novembre.

La campagne suivante fut beaucoup plus douce pour le colonel, qui sentit, comme le gouverneur général, le besoin d'aller prendre quelque repos dans sa chère patrie. Il y arriva au mois de mai 1845; il y fut reçu avec les mêmes démonstrations que la dernière fois : Un peu moins de faste, il est

vrai, car il n'arrivait pas avec un nouveau grade :
ses épaulettes n'étaient pas encore étoilées. Mais
l'enthousiasme, mais le sentiment étaient toujours
les mêmes. Quand, le soir, la sérénade vint jouer
l'air favori : *Où peut-on être mieux*, je puis bien
attester que toute la population était sur pied.
Deux amis confondaient alors dans un même sentiment les émotions de ce chant délicieux. Le visi-
teur de Saint-Germain avait aussi repassé la mer :
il était à côté de Tartas. La Vierge, dont l'image
bénie reposait toujours sur le cœur du guerrier,
l'avait protégé dans les combats ; elle avait sauvé
le pauvre missionnaire de la fureur des flots et
d'une horde de brigands. Tous les deux, avaient
couru des dangers divers, tous les deux pouvaient
savourer les joies de la patrie. Faisons trêve pour
un moment avec les combats, car ils ne sont pas
finis. Allons goûter plus à l'aise la fraîcheur du
Mirail, de cette charmante habitation où le colonel
vient de réunir tous ses vieux amis.

Le Mirail, au moyen-âge, se glorifiait de ses
tours et de ses murailles, et son chatelain, Ray-
mond, est au nombre des seigneurs qui signèrent
dans le cloître des Dominicains le retour de l'Agenais à la couronne d'Angleterre. Aujourd'hui le
vieux manoir est démantelé ; il a perdu son prestige. Ce n'est plus qu'une simple, mais riante ha-

bitation. Ces forêts de liége qui l'entourent vous rappellent l'expédition de Thaza ; cette rivière, bordée de vergnes, de saules et de peupliers, qui serpente au bas du coteau, vous transporte sur les rives du Chéliff ; ces vignes plantureuses, ces prairies verdoyantes, ces champs couverts de moissons, environnés d'une région sablonneuse, sont bien l'image de ces fraîches oasis qui se cachent au-delà du Tell africain.

Du côté où le soleil se lève, voyez-vous ce donjon qui semble suspendu sur un groupe de marronniers ? c'est le château de Carboste, tombé, il y a trois siècles, sous les coups d'un terrible lieutenant de Montgommery. Ce qui reste du vieux castel abrite ces bons amis auxquels notre vaillant guerrier a consacré un souvenir après la bataille de Miliānah. Un peu plus loin, à droite, ce clocher noirci par le temps, c'est le clocher de la patrie d'Emile, de l'antique *Medisianum*, où les Soliates soutinrent le dernier combat contre les Romains, avant d'aller s'abriter derrière leurs remparts. Plus loin, sur ces hauteurs qui bordent l'horizon, vous apercevez les châteaux de Parron et de Tourouna. Le premier, il y a trois siècles aussi, subit le sort de Carboste, et tomba sous les mêmes coups ; le second, moins renommé, est le patrimoine d'un vieux et brave soldat de l'Empire,

..n descendant de ce Poul de Labarthère, qui développa si bien les instincts guerriers de M. de Tartas. Faisons maintenant quelques pas dans cette allée de chênes séculaires, et sur les flancs du coteau qui baigne ses pieds dans la Gélise, vous verrez resplandir la coupole moderne suspendue comme un nid d'aigle sur le vieux château de Trignan, nom célèbre dans les annales du moyen-âge.

Pardon, vous qui lisez la biographie de Tartas. En écrivant pour vous, il me semblait parler encore à ces nombreux amis que notre guerrier avait rassemblés auprès de lui quelques jours après son retour à Mézin. Il fallait bien, d'une façon ou d'une autre, vous dire pourquoi il aimait tant son cher Mirail. Autour de son habitation, c'était un air frais et pur, des parfums suaves; derrière, les forêts et les sables du désert; du côté opposé, une vallée riante et fertile, où l'on découvre ce clocher, ces tours et ces châteaux qui vont se perdre dans le lointain des nuages.

Ces contrastes que l'on retrouve à l'habitation d'Emile, sont bien, si vous le voulez, un jeu de la nature; mais n'allez pas croire que la nature ait tout fait. Partout, aux environs de Mirail, vous retrouvez la main de l'homme, le pénible labeur de ce brave François que Tartas n'oubliait jamais dans les camps. C'est que, voyez-vous, François

n'était pas un serviteur ordinaire. Il y avait dans
son intelligence, dans son travail, dans sa fidélité, quelque chose d'indéfinissable; et ce quelque
chose n'était compris que par le très-petit nombre
de ceux qui avaient la confidence de ses secrets. Je
ne crois pas les trahir en révélant les grandes infortunes de François.

Samaran était un de ces montagnards pyrénéens
du dernier siècle, à la vie aventureuse, un de ces
caractères hardis qui dédaignent tous les obstacles,
qui franchissent tous les périls. Il s'associa trois
ou quatre compagnons et partit avec eux pour
Saint-Domingue. C'était alors un voyage effrayant,
une entreprise téméraire. Avec une grande ambition, Samaran avait une grande probité, qui n'est
pas toujours le partage des chercheurs de fortune.
Par son industrie et son mariage avec une riche
Haïtienne, il vit bientôt la réalisation de son rêve.
En quelques années, il était à la tête d'une grande
fortune; il avait sur les bords de la mer une habitation magnifique.

L'affranchissement des esclaves, décrété par la
Constituante, fut le signal d'une révolution terrible
dans la partie française d'Haïti. Samaran ne tarda
pas à venir en France pour dérober son fils aux
désastres qui menaçaient la colonie. Il voulait lui
donner une éducation brillante qu'il espérait trou-

ver à Bordeaux, mais Bordeaux était alors sous
l'empire de la terreur. Samaran ne balance pas; il
se dirige vers les Pyrénées. En attendant des temps
meilleurs, il confia l'éducation du jeune François
à un prêtre insermenté, caché du côté de Bagnè-
res-de-Bigorre. Retourné à Saint-Domingue, il
envoya, quelques années encore, de l'argent et des
nouvelles à son fils. Mais bientôt toute communi-
cation a cessé; les nouvelles et l'argent n'arrivent
plus. Enfin Toussaint Louverture est amené captif
en France, et le jeune Samaran s'abandonne à
l'espérance de recevoir quelque heureux message.
Une lettre lui parvient, il l'ouvre, il s'apprête à la
dévorer des yeux; ses yeux se couvrent d'un triste
nuage, son front pâlit, ses genoux chancellent; il
succombe sous le poids d'une écrasante douleur.
Il n'a plus de père, plus de mère, plus de famille,
plus de fortune. Tout a disparu dans un massacre
général, et désormais le fils de l'opulence gagnera
son pain à la sueur de son front.

Une circonstance imprévue vint le jeter à Mézin.
Il y demeura quelque temps, exerçant une profes-
sion qui lui donnait à peine le pain de chaque jour.
Il fut contraint de passer au service d'un maître.
Après quelques années, il se donna à la maison de
Tartas qu'il ne devait plus quitter. En face de cette
maison était l'école où je passai mes jeunes ans,

et je me souviens toujours de l'impression que ce
noble domestique produisait sur l'imagination des
écoliers. Nous ne connaissions pas ses grandes aventures; nous savions seulement qu'il en avait eu de
fort tristes, et quand il passait devant nous, nous
disions : voilà l'*Enfant du Malheur*. Je croyais,
dans ma simplicité, que François n'avait pas d'autre
nom. Je l'ai revu au Mirail il y a quelques jours à
peine; il était brisé par le nouveau coup de foudre
qui venait de tomber sur lui, autant que par les
travaux qui ont ployé son corps en broyant sa vigueur. Laissons maintenant ces tristes pensées, et
revenons à la joyeuse assemblée du Mirail.

J'ai déjà dit que la gaité ne manquait jamais aux
festins de Tartas. Il était vraiment d'un entrain
qui ne laissait pas respirer. Je n'ai pas besoin de
dire quel fut le thème des conversations du jour.
L'Oued-Malah, l'Isly, le désert; enfin toutes les
dernières campagnes devaient être naturellement
connues. « Vous autres, Messieurs, nous dit-il en
interrompant un récit, vous croyez, en lisant les
superbes bulletins d'Afrique, que nos soldats n'ont
qu'à se présenter pour mettre les Arabes en déroute Ce n'est pas tout à fait cela. Il faut voir la
mine que font nos jeunes conscrits, en face de ces
figures bronzées, de ces costumes sévères qui
contrastent si fort avec la coquetterie des nôtres.

Mais ceux-ci peu à peu prennent de l'habitude, ils s'enhardissent, et finissent par devenir de vrais lions.

« Il faut pourtant avouer, ajouta le colonel en se tournant de mon côté, que ces diables d'Arabes sont plus chrétiens que nous. — Vous voulez dire plus religieux ? — Sans doute. Ils sont toujours à marmotter des prières.—Tournés vers le soleil?— Est-ce que vous en avez rencontré quelques-uns dans vos expéditions ? — Oui, et ils étaient bien malheureux. Un jour, faisant ma visite accoutumée à l'hôpital militaire de Saint-Denis, capitale de l'ile-Bourbon, je rencontrai au milieu de la cour un groupe inaccoutumé : C'étaient des Arabes de la côte mozambique, ayant à leur tête un marabout d'un air vénérable, faisant la prière, tourné, selon la coutume, du côté du soleil. Je m'approchai, il continua sans avoir l'air de m'apercevoir. Il mettait beaucoup d'action dans cet acte religieux. Tantôt il s'étendait sur une natte pour se relever mystérieusement, tantôt il levait sa tête, et ouvrant la bouche, il la frappait de la main pour en faire sortir des sons entrecoupés.

Le major, qui était auprès de moi, venait en ce moment de faire la visite d'une salle, et m'engagea à me diriger de ce côté, où les soins de mon ministère pourraient n'être pas inutiles. Un spectacle

navrant s'offrit à mes regards. Il y avait là une
centaine de noirs, africains et malgaches. Leurs
membres étaient mutilés, leurs figures cadavé-
reuses. Ils avaient été capturés par un forban portugais qui montait le *Pocha*. M. Jehenne,[1] commandant de la *Prévoyante*, avait surpris le cor-
saire sur les côtes de Madagascar, et il l'avait
amené prisonnier à Saint-Denis. Je n'entendais pas
le langage de ces infortunés, ils n'entendaient pas
le mien. Mais par mes gestes, mais par mon expression, ils comprirent que je compatissais à leur
malheur, et ils surent aussi trouver des expressions
et des gestes pour me témoigner leur reconnaissance. Ce qu'il y a de plus triste, c'est que le forban portugais avait confondu les Arabes et le
marabout, d'une condition élevée, avec les autres
nègres pour les livrer au même esclavage.

Dans une autre salle gisait un de ces malheureux qui n'avait plus que quelques instants à vivre.
Heureusement il se trouvait dans l'hôpital un domestique de son pays qui comprenait le français.
Il me servit de truchement auprès du moribond ;
je pus causer avec lui. Je n'essaierai pas de rendre tout le charme douloureux de cet entretien

---

[1] Il est aujourd'hui contre-amiral, et commande une division
navale française dans la Méditerranée. Son pavillon est sur le
vaisseau à vapeur *Donawerth*.

suprême. Il n'y avait plus un moment à perdre ;
je fis couler sur le front du mourant l'eau régé-
nératrice, et je lui dis : « Nous nous reverrons au
ciel. » Je lui demandai son nom ; il me répondit :
« Gamba, » et son nom s'échappa avec son dernier
soupir.

Le colonel n'entendit pas ce récit sans émotion,
et il comprit parfaitement que le prêtre pouvait
trouver autant de satisfaction à donner aux Arabes une autre vie, que le militaire à les tuer. L'un
et l'autre, dans ces extrémités opposées, remplis-
sent un devoir bien différent. Quelques mots échappés pendant mon récit firent comprendre à M. de
Tartas que ma course apostolique avait été parse-
mée d'épisodes qu'il me pressa de lui faire connaître. Je le priai de m'excuser, parce que la journée
du Mirail n'était pas celle du missionnaire, mais
celle du colonel. Je lui promis, du reste, que plus
tard je saisirais l'occasion de lui être agréable. Il
me pressait encore, je résistais. Un domestique
mit fin à cette lutte en venant nous prévenir que
le dîner était servi. On me dispensera d'en faire
connaître le menu et la gaîté expansive. Elle n'était
pas à la contrainte : c'était un dîner d'amis, un
dîner de famille. Je dois cependant rapporter le
toast de M. de Mélignan, qui fit une charmante
allusion aux étoiles de général : « Au héros de

Kara-Mustapha et de l'Isly, au vainqueur de Ben-Omar, au brillant soldat de l'Afrique. Encore un combat, encore un coup de sabre, et, nouveau prestidigitateur, M. de Tartas trouvera le secret de nous faire voir des étoiles en plein midi! »

M. de Vigier voulut aussi nous répéter les vers qu'il avait composés lors du premier congé d'Emile :

> Quand la victoire te couronne,
> De Ben-Omar noble vainqueur,
> Chaque fleuron qu'elle te donne
> Pour tes amis est une fleur.
> La Gascogne, en héros fertile,
> Fière d'un avenir si beau,
> Dit : « Mézin aura son Emile,
> Comme Lectoure a son Montebello. »

Après le dîner et la promenade sous l'allée des grands chênes, on fit à la salle d'armes la visite qui devait terminer la fête; on s'arrêta devant les trophées du vainqueur. Le gant de Kara-Mustapha était encore teint du sang de Ben-Omar. Parmi tant d'autres objets que la main de la victoire avait déposés dans ce noble faisceau, on distinguait surtout le pistolet et le fusil de Sidi-Embarrak, le conseiller, le lieutenant le plus intrépide d'Abd-el-Kader. J'ai déjà dit qu'il avait été donné par la France au kalifa. Sur la platine, au-dessous de la batterie, était écrit le nom du fabricant : *J.-J. Dumarest, à Marseille*. Deux inscriptions commémoratives avaient été gravées sur deux croissants d'argent. La première portait : « *Pris sur Sidi-Embarrak, ou Ben-Allel, le 11 novembre, à l'Oued-Mâla;* la seconde : *Destruction des deux bataillons réguliers, mort du kalifa*. Le fusil, comme le pistolet, était richement décoré et portait les mêmes inscriptions. Un autre fusil, aussi très-beau, était là comme un gage de reconnaissance. Il avait appartenu à un autre chef arabe. Le capitaine de Vernon en avait fait hommage à son colonel, qui l'avait, plus d'une fois, fait citer à l'ordre de l'armée. Son frère, qui servait dans les spahis, s'était associé à ce cordial souvenir.

Au milieu de ces trophées était un petit couteau, renfermé dans une gaine de bois, revêtue de marocain rouge. Personne n'y prenait garde. Je le touche comme par distraction. « Ce n'est rien, me dit le colonel : un souvenir de sentiment. — D'où vient-il donc ? — De la tente de Sidi-Mohamed, le fils aîné de l'Empereur du Maroc, à qui nous avons donné les étrivières, il y a bientôt un an.— Et c'est tout ce que vous avez recueilli de ce riche butin dont les journaux nous ont si pompeusement donné l'inventaire ? — Oh ! mon Dieu, oui ! »

M. de Tartas prononça ces dernières paroles avec
un accent qui trahissait une émotion.— « Colonel,
vous avez voulu me faire raconter un épisode de
ma vie de missionnaire, dites-nous l'histoire de ce
couteau, car je pressens que les militaires ont
aussi des triomphes moins lourds à porter que les
victoires teintes de sang. »

« Mon régiment venait de sabrer les artilleurs
marocains, et de pénétrer dans le camp du prince
impérial. Ce prince, si plein tout à l'heure de for-
fanterie, avait déjà fui lâchement, mais quelques
braves combattaient vaillamment autour de sa
tente, animés par un chef dont le courage égalait
la fidélité. Ils résistèrent comme de véritables héros, mais pas un n'échappa aux sabres de nos
chasseurs. Le sang ruisselait autour de la tente.
Un seul reste encore; c'est le chef valeureux et digne d'un meilleur sort. Il tombe le dernier sur le
cadavre de son fils.

« A ce moment, une jeune enfant, aux traits
distingués, le visage pâle comme la mort, sort de
dessous la tente. Elle vient, tout éplorée, se jeter
à genoux devant moi; elle me tend une main sup-
pliante, et, me conjurant de lui accorder l'aman,
elle m'offre ce qu'elle a de plus précieux, ce couteau que vous voyez suspendu au milieu du faisceau. C'était une enfant de douze à quinze ans,

qui m'arracha des larmes, et c'est peut-être la première fois que j'ai pleuré dans ma vie. Je lui fis signe de se relever, et je pris des mesures pour qu'elle fût traitée selon les convenances dues à son rang et à son sexe. C'était la fille de ce chef qui venait de tomber avec son fils sous les coups de mes chasseurs. [1]

XII

Grande insurrection dans la province d'Oran ; — Expédition chez les Flittas ; — Combats ; — Mort de Berthier ; — Énergie du commandant Clère ; — Appréhensions du général de Bourjolly ; — Tartas triomphe de Bou-Maza et de l'insurrection.

La victoire avait rendu les Français maîtres de l'Algérie ; mais, du fond de sa retraite dans le Maroc, Abd-el-Kader envoyait de nombreux messagers pour prêcher la révolte. Le chef de l'insurrection prit le nom de Mohammed-ben-Abd-Allah, pour s'attribuer les prophéties musulmanes, annonçant depuis longtemps qu'un homme de ce nom mettrait fin aux malheurs de l'islamisme. Son nom de guerre était Bou-Maza, c'est-à-dire l'homme à la chèvre. Les populations

---

[1] Ce couteau fut donné plus tard à M. *Lalanne*, qui le conserve précieusement, et qui se plaît à raconter ce touchant épisode. Il le tenait aussi de la bouche de M. de Tartas.

l'avaient ainsi nommé à cause d'une chèvre qui le suivait partout, et que le nouveau prophète donnait comme un présent du Ciel, destiné à jouer auprès de lui le rôle de la colombe de Mahomet. Le fanatisme s'unit ainsi à l'esprit d'indépendance pour faire de Bou-Maza un autre messager céleste, et c'est là tout le secret de la grande influence qu'il exerça sur les tribus qui voyaient de plus en plus pâlir les destinées d'Abd-el-Kader. C'est cet homme mystérieux et puissant qu'il était réservé à notre héros de combattre et d'écraser dans la plaine de la Mina.

Tartas venait d'arriver à Mostaganem, quand le général de Bourjolly partit, le 16 septembre, avec une colonne de 1,200 hommes d'infanterie, 140 chevaux du 4e chasseurs, sous les ordres du lieutenant-colonel Berthier, le goum du kalifa Sidi-el-Aribi, et deux pièces d'artillerie de montagne. Il s'agissait tout simplement de réprimer certaine fermentation qui s'était manifestée chez les Flittas, et qu'on se flattait d'éteindre sans tirer un coup de fusil. Aussi peu de précautions furent prises, et Tartas resta à Mostaganem pour garder la place.

Le 18, on bivouaquait sur le territoire des Beni-Dergoun, dans un endroit connu sous le nom de Touiza. Le lendemain, à trois heures du

matin, les clairons et les trompettes sonnent la
diane. A la première fanfare, tout le monde s'é-
veille avec une grande surprise. Le lieutenant-
colonel revient en ce moment de l'état-major, et
donne aux siens le secret de cette alerte. « Messieurs, leur dit-il, faites charger les armes. Je ne
sais trop quelles sont les nouvelles, mais il parait
que les Flittas, soulevés par le chériff, se prépa-
rent à nous disputer le passage du Tifour. »

En effet, à peine arrivés auprès de cette affreuse
gorge, on aperçoit l'ennemi sur les hauteurs.
Bou-Maza est à la tête des Cheurfas de Mendès, la
population la plus fanatique de la tribu des Flittas. La cavalerie tourne la montagne du côté de
Zamora, pour mettre les Arabes entre deux feux.
L'engagement fut sérieux, et merveilleusement
secondé par une charge vigoureuse d'un peloton
de trente chasseurs, restés près du général pour
lui servir d'escorte. Elle fut conduite par Paulze
d'Ivoy, qui enleva un drapeau à l'ennemi. Cet
enlèvement est accompagné d'un des plus beaux
faits d'armes de nos fastes militaires. Geffine,
chasseur au 4e escadron, voit le fourrier Parisot
tomber sous son cheval, qui vient de recevoir une
balle en pleine poitrine. Deux cavaliers arabes,
après avoir déchargé leurs armes, assénaient des
coups de crosse sur la tête de ce sous-officier.

Geffine arrive, tue les deux cavaliers, débarrasse
et relève Parisot, sauve encore le chasseur Maziè-
res, et s'élance sur un drapeau qu'agite fièrement
un Kabyle. Il tue ce dernier adversaire et parvient, malgré deux coups de feu et cinq coups
de yatagan, à enlever l'étendard des révoltés. Mais
ses forces s'épuisent, il tombe en serrant le drapeau
sur sa poitrine et criant : « Il est à moi ! » Geffine
est transporté à l'ambulance et se console de ses
douleurs avec son trophée.

Les Français étaient restés maîtres du champ du
combat ; mais la journée n'était pas brillante, et le
lendemain le Chérif l'avait habilement exploitée.
Elle fut considérée par les Arabes comme une victoire, et l'insurrection se propagea comme un
incendie.

Le soir, la colonne expéditionnaire avait établi
son bivouac sur les bords du Menasfa, la cavalerie
au centre, les quatre faces formées par l'infanterie. La position était grave, l'insurrection qu'on
était si loin d'attendre était formidable, et l'on
n'avait pris que pour quelques jours de vivres et
de munitions. Il fallut songer à la retraite, pour
aller prendre à Bel-Assel des approvisionnements
et des renforts, encore cette retraite ne pouvait-
elle manquer d'être périlleuse.

Le 21, une petite colonne, dirigée par le com-

mandant Manselon, arrivait du Kamis des Beni-
Ouragh. Le général, avec un fort détachement, était
allé à sa rencontre pour protéger sa marche, mais
ce ne fut pas sans ramener des morts et des blessés. Berthier essaya de ranimer le courage de ses
braves chasseurs, mais il leur laissa une impression profonde. Il voulait paraître gai, et malgré lui
sa grande et longue figure semblait préoccupée et
inquiète. L'ordre est apporté, et le départ est fixé
pour le lendemain.

Depuis quelques heures, le soleil était rentré
dans l'horizon, et tout le camp était plongé dans
le silence de la nuit. On n'entendait plus que les
pas réguliers des sentinelles; de temps en temps,
le vent apportait quelques vagues rumeurs, et le
silence retombait avec l'obscurité sur les soldats
endormis. Seule une lumière brillait encore dans
la tente du bureau arabe. Le jeune comte de Castellane, fils de l'illustre maréchal de ce nom, entre
dans cette tente, au moment où le chef du bureau
terminait une lettre. C'était un ordre que le général de Bourjolly envoyait en double au colonel de
Tartas. Deux Arabes reçurent ces dépêches qui
furent roulées dans les plis des kaïks grossiers
qui entouraient leur tête. Ils partirent pour Mostaganem après avoir reçu la bénédiction du vieil
aga Djelloul.

Le lendemain, au point du jour, on se met en marche, par le même chemin ; les chasseurs d'Orléans et le 4e escadron du 4e de chasseurs d'Afrique forment l'arrière-garde. A mesure que le jour grandissait, les Arabes se pressaient plus nombreux ; ils descendaient des collines, sortaient des clairières, bondissant comme des chevreuils, poussant des cris aigus, des hurlements que le bruit de la poudre avait peine à dominer. Une première charge est faite le matin, conduite par le lieutenant-colonel Berthier.

Après deux heures de marche, on arrive à l'entrée d'un petit bois traversé par une ravine. Toute la colonne l'avait franchie lorsque l'arrière-garde replia ses tirailleurs pour rentrer dans le ravin. Les Kabyles et les cavaliers se ruèrent sur elle ; on se battit à bout portant, et quand les cartouches furent épuisées, on chargea à la baïonnette.

Cependant le 4e escadron du 4e chasseurs vient au secours du 9e d'Orléans, que les Kabyles serraient de près. Le lieutenant-colonel Berthier prend à gauche, avec le docteur Bécœur et trois chasseurs, pour dégager d'abord le capitaine Roques. Il venait de percer de son sabre un Kabyle embusqué derrière un buisson de lentisques, quand celui-ci, en mourant, décharge son pistolet qui atteint le colonel en pleine poitrine. Berthier tombe dans les bras du docteur, tandis que le brigadier Vincent et les deux autres chasseurs protégent l'officier blessé contre cinq Kabyles accourus pour l'enlever. Une lutte aussi terrible qu'inégale s'était engagée autour du lieutenant-colonel, et les cadavres des cinq Kabyles témoignèrent de l'énergie et du sang-froid de nos vaillants chasseurs. D'un autre côté, Castellane s'était détaché avec un peloton de l'escadron commandé par Paulze d'Ivoy, car il venait d'entendre les cris : *Au colonel! au colonel !* Il arrive trop tard pour le sauver, mais assez tôt pour repousser une centaine de Kabyles qui se précipitaient aussi pour enlever le corps du mourant. Son enlèvement fut ainsi protégé, et le brave Berthier fut transporté dans sa tente où il rendit le dernier soupir.[1] Ce devoir rempli, le sous-lieutenant Castellane vint rejoindre le 4e escadron que Paulze d'Ivoy dirigeait au pas de charge au secours du 9e d'Orléans.

Là aussi, ils furent témoins d'une autre scène non moins émouvante. Les chasseurs d'Orléans, la lèvre noircie par la poudre, la baïonnette rouge de sang, luttaient corps à corps avec l'ennemi. Près d'un buisson gisaient une dixaine de cadavres, revêtus de l'uniforme français, et à côté d'eux,

---

[1] *Berthier* était le neveu du maréchal de ce nom, prince de Wagram.

une vingtaine de blessés. Une triple rangée d'autres cadavres, revêtus de burnous, formaient comme une ceinture funèbre autour du carré. C'était un affreux pêle-mêle d'armes brisées, de chevaux étendus, de blessés, de morts et de mourants, arabes et français, étendus sur le même sol trempé de sang. Au milieu de ce carnage, un homme était debout, calme et impassible. C'était le commandant Clère qui, depuis demi-heure, avait le genou broyé par une balle. Il était ainsi à cheval sans pousser une plainte, et pourtant, il ressentait des souffrances inouïes ; mais il craignait la moindre hésitation dans ce moment de péril, et son courage avait fait taire la douleur. La charge de Paulze d'Ivoy avait dégagé l'arrière-garde ; la colonne repassait le défilé de Tifour et gagnait le camp de Relizan.

Cependant, un convoi funèbre était dirigé vers Mostaganem : c'était le corps embaumé du lieutenant-colonel, enveloppé dans son manteau de guerre et roulé dans sa tente : digne linceul des braves morts au champ du combat !

Déjà l'incendie dévorait la plaine de la Mina ; l'insurrection allait toujours croissant. Pour comble de malheur, on apprend la terrible catastrophe de Sidi-Brahim, le massacre de Montagnac et de ses soldats, la captivité du chef d'escadron

Courby de Cognord et de quelques autres échappés
à ce désastre. Le général de Bourjolly paraît sou-
cieux, et dans cette anxiété, il écrit au colonel de
Tartas de partir en toute hâte avec toutes les forces dont il peut disposer, et de venir le joindre à
Relizan. Tartas rend les derniers devoirs à son
lieutenant-colonel et part le lendemain avec ses
escadrons. La nuit, sa marche fut éclairée par les
sombres lueurs de l'incendie que les coureurs
arabes promenaient dans la plaine. Ce n'était plus
qu'un océan de feu dont les nuages renvoyaient
au loin les reflets sinistres. On eût dit la ban-
nière de la révolte, se levant sur le pays entier,
un signal de sang, avant-coureur d'une lutte terrible.

L'incendie avait déjà gagné la basse Mina, et
la maison de notre fidèle allié, du kalifa Sidi-el-
Aribi, était dévorée par les flammes. Ses troupeaux étaient enlevés, une grande razzia avait été
faite par le chérif, qui menaçait Mostaganem avec
des forces considérables. Presque tous les cavaliers
du kalifa étaient passés du côté de l'insurrection;
il ne lui restait plus que ceux que les liens du
sang attachaient à sa fortune.

Au milieu de ce foyer ardent, il n'était plus possible de tenir la campagne, et le général prit la
résolution de se retirer à Bel-Assel. A ce moment,

7

un courrier de Sidi-el-Aribi lui apporte la triste
nouvelle des désastres qui viennent de fondre sur
son maître. Le kalifa demande du secours. Bourjolly n'ose pas l'accorder; les appréhensions sont
formidables. C'est la première fois que Tartas se
trouve en face d'un ennemi qu'on n'ose pas affronter : son courage en frémit, son sang bouillonne.
Il supplie le général de jeter un regard sur ses
escadrons, qui n'ont jamais bronché; Bourjolly
détourne la tête. Tartas le presse, mais inutilement.
Le sage Nestor ne commettra pas une imprudence;
il permet seulement au bouillant Ajax d'éclairer
sa marche, et de se diriger, avec deux escadrons,
vers le confluent de la Mina et du Chéliff, pour
observer Bou-Maza. C'était le 30 septembre.

Pour cette course aventureuse et si pleine de
dangers, les chevaux furent chargés d'orge et de
vivres pour quatre jours. On était en marche depuis quelques heures quand on vit accourir un
cavalier richement vêtu, la figure animée par le
combat, son cheval alezan couvert d'écume. C'é-
tait le kalifa Sidi-el-Aribi, entouré de cavaliers qui
lui étaient restés fidèles. Il vient saluer le colonel,
et, les larmes aux yeux, il lui montre, au lointain, la désolation qui règne autour de sa maison
en cendres. « Presse, presse Tartas, lui dit-il, car
il est temps d'arrêter cette horde de brigands qui

jettent partout la terreur. Ils sont cachés derrière cette colline. — Non, répond Tartas, allons au pas, nos chevaux seront plus frais quand nous serons en face de l'ennemi. »

A peine l'obstacle franchi, on aperçoit la plaine inondée de burnous blancs. Au centre flottait un immense drapeau vert, et les deux ailes formant le fer à cheval, semblaient prêtes à cerner nos escadrons. 250 chasseurs se voient subitement en face de 1,500 à 2,000 cavaliers arabes.[1] Ils paraissent hésiter. « Eh bien! leur dit Tartas, est-ce donc la première fois que nous sommes un contre six? Chacun de nous en aura six à tuer, marchons! » Ces paroles furent accueillies par un éclat de rire. « Ces b......-là se moquent de moi, reprend le colonel. Nous verrons tout à l'heure, mes gaillards, si vous aurez froid aux mains. »

Je ne sais pas broder le langage de Tartas, je le rapporte tel qu'il m'est transmis par ceux qui l'ont entendu ; mais je puis affirmer que ses paroles, prononcées avec l'accent qu'il savait leur donner, avaient le secret d'électriser les soldats. Le moment solennel est arrivé ; le colonel prend son air de bataille, et chacun s'apprête à faire sérieusement son devoir. Alors, de sa grande voix

---

[1] Une correspondance de Mostaganem évalue le nombre des ennemis à 2,500 chevaux.

de manœuvre, il commande, et les deux escadrons
se forment ; chacun garde une division de soutien.
Entre les deux escadrons marchaient le colonel
et son fanion, à ses côtés le kalifa, derrière lui
une petite escorte ; sur les deux ailes, quelques
cavaliers arabes. Dans cet ordre on s'avance au
pas, le sabre dans le fourreau. « Pardon, mon
colonel, lui dit l'adjudant major Wampers,[1] le
point de ralliement, s'il vous plaît ? — Derrière
l'ennemi, à mon fanion. » Puis se tournant vers
celui qui le porte : « Fais voir mon fanion à ces
gredins-là ; ils le connaissent, et une fois encore
ils sauront ce qu'il vaut. »

Bientôt, liés comme une chaîne, les escadrons
prennent le trot. Quand on est à portée de fusil :
Sabre-main ! crie l'intrépide Tartas, et les 250
sabres sont tirés comme par une seule main. Cent
pas plus loin, les chasseurs prennent le galop,
toujours unis comme une muraille. Tout à coup,
en voyant cet ouragan de fer, si calme et si fort,
les ennemis chancellent. Un bruit sourd, le bruit
du flot et de la tempête, s'élève du sein de cette
innombrable multitude. Elle est mise en déroute
par une poignée de soldats, et laisse 300 cadavres

---

[1] *Wampers*, après la mort du lieutenant-colonel *Berthier*,
avait pris le commandement de la cavalerie, en attendant l'arrivée de Tartas.

étendus dans la plaine. Le prestige du prétendu envoyé du Ciel est brisé par l'épée de Tartas.

Les sabres de nos chasseurs ont tout dispersé ; les Arabes ont vainement essayé de faire parler la poudre.[1] Cependant l'écho de la plaine a porté jusqu'au pied des montagnes de Bel-Assel le bruit de la fusillade. Le général de Bourjolly a prêté l'oreille avec anxiété, et après une demi-heure, le silence le plus profond ! « Ah ! malheureux Tartas, s'écrie-t-il, qu'as-tu fait de mes escadrons ! T'avais-je donc envoyé pour renouveler les désastres de Sidi-Brahim et les témérités de Montagnac ! »

D'un autre côté, Sidi-el-Aribi était suspendu aux étriers du colonel, et baisant respectueusement sa main, il lui disait avec des larmes de joie et de reconnaissance : « Tartas ! Tartas ! tu nous as sauvés de cette horde de brigands. » Et puis, lui prenant la main, il la montre à ses fidèles Arabes, en leur disant : « Voilà la main du vainqueur ; *besef Tartas !* et tous de s'écrier : *besef, besef Tartas !* » Tartas est grand !

« Tous ces hommes de grande tente, c'est-à-dire de grande race, ajoute M. de Castellane, tous ces chefs arabes au teint bronzé, aux yeux animés

---

[1] C'est leur expression favorite.

par l'émotion de la poudre, le remerciaient comme
un sauveur. Autour d'eux, comme pour encadrer
la scène, ces chevaux écumants, ces chasseurs
penchés sur leurs selles, ces armes, ce je ne sais
quoi dans l'air qui sentait la victoire, tout contri-
buait à donner à ce spectacle quelque chose de la
noblesse et de la grandeur sauvages des temps primitifs. »

Cependant, le capitaine adjudant-major Cadic
était envoyé par le colonel avec quelques chasseurs
pour porter au général l'heureuse nouvelle de ce
brillant fait d'armes.[1] D'aussi loin qu'il l'aperçoit,
le général de Bourjolly, toujours sous la même
impression : « Voilà donc tout ce qui reste, s'é-
crie-t-il, de ses deux beaux escadrons ! » De son
côté, aussitôt que l'adjudant-major aperçoit le
général, il s'écrie : « Victoire ! victoire ! » Ce cri
ne trouve pas encore de l'écho ; il est reçu comme
une illusion. « Victoire ! général, victoire ! des
morts en grand nombre, les troupeaux repris,
l'ennemi dispersé : Victoire ! victoire !

Tartas arrive bientôt au son guerrier des clairons, le camp répond par des chants de triomphe.
La joie est dans tous les cœurs. Le général lui-

---

[1] Le capitaine *Cadic* s'était distingué à la prise de la smala
d'Abd-el-Kader. Il fut encore cité à l'ordre de l'armée après le
combat de Temda.

même est là, entouré de son état-major, pour
accueillir les vainqueurs. Il s'avance vers le colonel,
lui serre affectueusement la main, et lui dit comme
le kalifa : « Tartas, vous avez sauvé l'armée du
plus grand péril. » Le lendemain, en effet, les
tribus soulevées venaient en foule dans le camp
de Bel-Assel pour demander l'aman et faire leur
soumission. Deux bataillons d'infanterie et un
escadron, sous la charge du colonel Leflo, furent
envoyés sur le champ de bataille pour ramasser
les armes et le butin. Il ne se rencontra pas un
seul Arabe pour s'y opposer. Une centaine de chevaux avec leur harnachement avaient été pris
sur l'ennemi, et amenés au camp des Français.

Le lieutenant-général de Lamoricière, qui occupait une seconde fois le gouvernement par intérim
de l'Algérie, était accouru dans la province d'Oran
au premier buit de l'insurrection du chérif Bou-
Maza. Il arriva dans cette capitale le 1er octobre,
après avoir touché à Tenez. Dans la nuit de son
arrivée, il écrivait, sur les événements de la province, un rapport à M. le Ministre de la guerre.
Il fermait cette dépêche à deux heures du matin,
quand un courrier lui apporte en toute hâte une
lettre du général de Bourjolly. Cette dépêche lui
apprend la grande victoire de Tartas sur Bou-
Maza; il l'annonce lui-même au Ministre de la

guerre. Au lever du soleil, le canon d'Oran en
porte la nouvelle jusqu'aux montagnes les plus
reculées, et les populations consternées l'enten-
dent retentir comme un écho funèbre des vengean-
ces de Sidi-Brahim.

XIII

Combat de Guerboussa; — Le maréchal Bugeaud rejoint la colonne
de Mostaganem;— Expédition et combat de Temda;— Lamothe
et l'arrière-garde; — On se remet à la poursuite d'Abd-el-
Kader; — Tartas retourne à Mostaganem; — Un dîner
sous la tente du Kalifa; — Tartas, lieutenant-général; — Les adieux poétiques, le retour.

Le chérif Bou-Maza avait reçu un bien rude
échec dans la plaine de la Mina; mais, comme
l'émir, il trouva le secret, malgré l'étendue de ses
revers, de n'être longtemps vaincu qu'à demi.
Il est vrai, toute la gravité de l'insurrection avait
disparu depuis sa défaite, et le 4 octobre, M. de
Lamoricière écrivait encore au Ministre de la
guerre que la victoire de Tartas avait rétabli la
situation si périlleuse de Mascara, et faisait res-
pecter le nom français dans la plaine qui s'étend
du Chéliff aux montagnes des Flittas. Toutefois,
Bou-Maza avait encore rassemblé quelques débris
de son armée du côté de Guerboussa, non loin de
ces montagnes, menaçant les tribus qui avaient
renouvelé leur soumission.

La colonne de Mostaganem, toujours conduite par le général de Bourjolly, se mit en mouvement pour débusquer le Chérif, et le 5, au point du jour, elle était en face de l'ennemi. Après quelque avantage remporté sur lui, on simula une retraite. Le kalifa Sidi-el-Aribi, avec son goum, tenait la droite ; le colonel de Tartas, avec un de ses escadrons, tenait la gauche ; le général occupait le centre, formant l'arrière-garde, avec l'autre escadron du même régiment.

Trompé par ce mouvement, un gros de cavaliers arabes vient menacer la marche des Français. A ce moment, par un retour combiné, le colonel et le kalifa entament une charge impétueuse qui brise l'effort de l'ennemi, et après lui avoir tué une trentaine de cavaliers et pris des chevaux et du butin, ils le dispersent et le poursuivent jusqu'au pied des montagnes. Après cet exploit, on rentra au camp de Bel-Assel, pour attendre les renforts qui devaient arriver d'Orléansville. C'est de Bel-Assel que M. de Tartas écrivit, le 28 octobre, à son frère Eugène, pour lui apprendre son brillant succès contre le Chérif, et son bonheur extrême dans un engagement où la moindre hésitation pouvait entraîner la perte des Français. Le lendemain, 29, la colonne devait rentrer chez les Flittas, pour châtier cette tribu vingt fois soumise et vingt fois rebelle. On fut contraint de renouveler le système appliqué par Métellus dans ces mêmes régions : la guerre des razzias, c'est-à-dire du pillage et de la dévastation.

Le fils de Mahiddin, l'implacable Abd-el-Kader, avait reparu dans ces montagnes qui bordent les Flittas, au-delà de l'Ouarensenis. Le maréchal Bugeaud, aux premières nouvelles de la grande insurrection, était accouru de France avec de puissants renforts. La province d'Oran étant la plus menacée, c'est là qu'il résolut de porter ses coups. Il était venu chez les Flittas par Teniet-el-Had, et comme sa cavalerie n'était pas assez nombreuse, il prit avec lui les beaux escadrons du général de Bourjolly, qui devait faire venir des renforts de Mostaganem. Le maréchal avait appris la brillante journée de la Mina, et quand le colonel se présenta devant lui, à la tête de ses escadrons, Bugeaud lui serra affectueusement la main et se contenta de lui dire : « *Bravo* TARTAS ! » Il avait à peine tourné la tête, que le capitaine Valabrègue se penche à l'oreille de son chef : « Mon colonel, lui dit-il, hier encore vous n'étiez pas maréchal de camp, vous l'êtes aujourd'hui. » Le gouverneur venait, en effet, de le présenter pour ce grade.

La colonne expéditionnaire était alors dans le

pays des Kerraïch, et, à chaque instant, il arrivait des nouvelles de l'ex-émir. Malheureusement, il faisait depuis quelques jours un de ces temps d'Afrique : les averses tombaient sans interruption, le ciel semblait s'être changé en torrents ; un froid glacial avait succédé aux chaleurs étouffantes.

On était aux derniers jours de décembre, et on venait de faire des courses inutiles pour découvrir Abd-el-Kader. La pluie avait tellement détrempé le terrain que les chevaux enfonçaient jusqu'aux genoux dans la fange. « Nous n'étions plus des soldats en belle tenue, dit le jeune comte de Castellane, nous avions toute l'apparence de sauvages, et c'est une des cruautés de la vie du bivouac que cette absence de netteté et d'élégance. Tout cela nous ennuyait fort. »

Cependant les nouvelles du voisinage de l'ex-émir sont de plus en plus certaines, et le maréchal veut à tout prix qu'on se remette à sa poursuite. Il confie ce soin au général Yusuf. Vainement ce général lui représente l'extrême fatigue des chevaux ; les ordres sont précis ; une demi-heure avant le jour, le 23 décembre, la cavalerie doit se tenir prête à marcher. Elle était composée de chasseurs du 4e, sous les ordres du colonel de Tartas, de chasseurs du 1er, conduits par le colo-

nel Richepance, de spahis et de chasseurs du 9e
d'Orléans.

Parmi ces derniers se retrouvait l'élève de Saumur que Tartas avait reconnu au camp de Hussein-Dey. Le brave Lamothe,[1] revenu en Afrique,
était à Tiaret, à la veille de la grande insurrection
combinée entre l'ex-émir et le chérif Bou-Maza.
Elle éclata au moment où il traversait, avec
quatre chasseurs du 9e, les déserts de la vieille Numidie, pour aller joindre son régiment. Rien de
plus dramatique que cette course au milieu des
rumeurs sinistres qui couvaient sourdement
comme un feu mal éteint sous la cendre. Vingt
fois il se crut perdu ; mais le jour marqué pour
le soulèvement général n'avait pas encore lui, et
les populations hostiles craignaient de le révéler
par un attentat.

Lamothe, connu par sa constance éprouvée, fut
choisi pour commander un peloton d'arrière-
garde. A l'extrême fatigue des chevaux, on avait
prévu le nombre des traînards ; on ne se trompait
pas. L'heure arrivée, les clairons sonnent la diane,
tout le monde est à cheval, on part vers les montagnes de Bouchettoute, dans la direction de
Tiaret, tandis que le gouverneur descendait le
Rihou, et venait camper au confluent de cette

---

[1] Aujourd'hui capitaine de gendarmerie, à Agen.

rivière et de l'Oued-Teguigués. C'était le point de ralliement.

« Nous étions à peine partis depuis deux heures, dit Lamothe, dans son langage pittoresque, que voilà trente chevaux qui craquent, et trente cavaliers qui me tombent sur les bras. » L'arrière-garde était arrêtée dans sa marche, et le danger était grand pour tous. Ils passaient alors près d'un marabout solitaire; le sous-lieutenant y renferme les cavaliers désarçonnés, qui s'y retranchent, leur promettant qu'ils ne tarderaient pas à être délivrés. Il en eut pourtant des regrets, car les mêmes embarras se représentèrent bientôt après. A chaque instant il fallait ramasser des traînards, et, avant la fin de la journée, le nombre s'était considérablement accru. Pour comble d'infortune, parmi ces malheureux dont les chevaux avaient faibli, il n'y eut pas moins de vingt têtes coupées, avant qu'on ne pût les rallier, et les tronçons des cadavres n'eurent d'autre sépulture qu'un peu de boue jetée sur leurs vêtements.

Cependant le gros de la cavalerie était arrivé dans la vallée de Temda. On était sur les traces de l'ex-émir, qui apparut bientôt sur le flanc gauche, avec 7 à 800 chevaux, en très-bel ordre, paradant avec orgueil; car par ses vedettes, il avait eu connaissance du triste état de notre cavalerie. A ce moment, Tartas et Richepance forment leurs escadrons face à gauche, et à la charge qui sonne, on s'élance sur l'ennemi, qui, de son côté, s'avançait avec une grande résolution. Mais les Arabes, à cinquante pas de distance, font une décharge meurtrière, et gagnent une colline. Ils savent bien qu'avec leurs chevaux frais ils pourront plus facilement affronter les nôtres, aussi inférieurs en nombre qu'en vigueur. On ne laissa pas de les poursuivre l'épée aux reins. Le capitaine Larochefoucauld, dont l'escadron était en tête, en tua quelques-uns; mais les chevaux épuisés furent bientôt hors d'haleine, et refusèrent d'aller plus loin. Après une halte d'une heure, et les premiers soins donnés aux blessés, on reprit la direction de l'Oued-Teguigués.

Yusuf était fort inquiet sur le sort du brave Lamothe, de son peloton et de ses traînards. Sa joie fut au comble quand il le vit arriver sans avoir perdu un seul homme parmi ceux qu'il avait pu recueillir. La nuit surprit les Français à travers des gorges de rochers que les trompettes firent retentir de leurs cris aigus. La journée n'avait pas été brillante; toutefois on avait eu un petit engagement avec l'émir, et l'on rentrait joyeux. Carayon-Latour avait été l'un de ceux qui s'étaient le plus distingués dans ce combat, et le rapport du maréchal fit remarquer sa vigueur et son intelligence dans l'action. Quand les trompettes eurent sonné leurs grandes volées : « Allons, Carayon, lui dit Tartas, qui l'aimait toujours beaucoup, à toi maintenant. » Carayon-Latour, l'une des premières trompes de France, se met à sonner l'*Hallali* et tous les airs de chasse que répétaient au loin les sauvages échos de ces gorges rocailleuses. Dans les intervalles, le silence de la solitude n'était plus interrompu que par le bruit des chevaux sur la pierre sonore, ou des sabres retentissant contre les parois des rochers.

A dix heures du soir, on était rentré au bivouac du maréchal, et le lendemain, une colonne légère, renforcée de 600 hommes d'infanterie d'élite, conduits par le colonel Molière, reprenait la route de Tiaret. C'est de ce côté que s'était dirigé Abd-el-Kader, et on devait y rester trois ou quatre jours en observation, y prendre de l'orge et du fourrage pour raffraichir les chevaux, du biscuit pour les soldats. On passa près du marabout où, la veille, s'étaient retranchés les trente cavaliers recueillis par Lamothe. Heureusement pour eux, ils n'avaient pas été surpris par l'ennemi, et ils eurent le bonheur de serrer la main de leurs camarades.

M. de Tartas était depuis deux mois sans nouvelles de la patrie, de ses parents ; c'était pour lui

beaucoup plus cruel que les privations et les fatigues d'une longue expédition d'hiver. Mais à peine
arrivé à Tiaret, un Arabe lui remit une lettre qui
venait de Mostaganem. Un de ses neveux lui an-
nonçait son arrivée en Afrique, et lui apportait les
nouvelles tant désirées.

Après quelque repos, on se remit à la poursuite
d'Ab-el-Kader. Cette course fut, comme tant d'autres, pleine de périls, et accablante par l'intem-
périe de la saison. Le 2 janvier 1846 fut un jour
qui marqua dans les annales africaines. A Sétif,
huit cents hommes étaient engloutis sous la neige.
Le même jour, nos soldats, traquant l'émir, recevaient une pluie de glace, de neige fondue mêlée
de grêlons énormes, poussée par un horrible vent
de nord-ouest qui courbait nos cavaliers sur leurs
selles.

Le 27 du même mois, on bivouaquait sur l'Oued-
Mosoustil, d'où M. de Tartas écrivit à son frère
Eugène. Il lui disait le grand regret qu'il avait de
ne s'être pas trouvé à Mostaganem, lors de l'arrivée d'Alfred, qu'il n'attendait pas encore. • Sans
l'extrême bonté de mes officiers, ajoute le colonel,
ce pauvre enfant se fût trouvé abandonné sur cette
plage, terrible écueil pour un jeune homme, au
milieu de la dépravation qui règne dans une colonie naissante, où le contact des êtres divers qui la

forment est vraiment détestable. Pour mon neveu, grâce à mes braves officiers, et surtout à l'un d'eux, à qui je l'ai particulièrement recommandé, il se trouvera à l'abri de toutes ces attaques qui perdent bien vite la jeunesse. J'ai écrit à Alfred lui-même une fort longue lettre, pour lui donner tous les conseils de ma longue expérience. Il aura goûté cette lettre, j'en ai l'intime conviction, et il sera parfaitement dirigé par l'officier qui doit lui servir de guide et de mentor. »

Ce guide, ce mentor, c'était M. André Thevet, dont j'ai déjà parlé ; Thevet, le descendant de l'illustre voyageur de ce nom, qui visita tour à tour l'Italie, la Terre-Sainte, l'Egypte, la Grèce et le Brésil, devint historiographe de France et cosmographe de Charles IX.

M. de Tartas touchait alors au terme de ses travaux, de ses combats. Il écrivait à son frère que, comme toutes les choses de ce monde, cette expédition aurait une fin. Elle était proche pour lui, car il ne tarda pas à descendre le Chéliff, et le 10 février il était rentré à Mostaganem.

A la vie nomade des camps et du bivouac allait succéder pour M. de Tartas la vie sédentaire du bureau, car, à peine arrivé à Mostaganem, il avait reçu le commandement de la subdivision, et il était obligé de rester là pour l'expédition des affai-

res. Son logement n'était pas grandiose, mais il
était frais et coquet, bien distribué et tenu avec une
propreté remarquable. On y voyait une cour om-
bragée par un cep de vigne qui s'élevait au milieu,
de la grosseur d'un arbre. Ses pampres serpen-
taient comme des rinceaux autour du carré, formant une tente de verdure qui protégeait contre
les ardeurs du soleil.

M. de Tartas commandait la subdivision, quand
il reçut une lettre du général Changarnier, lui re-
commandant un officier, du nom de Charlemagne,
qui passait au 4e de chasseurs d'Afrique. Il félici-
tait celui-ci de l'envoyer dans un régiment qui avait
de si beaux états de service, avec un colonel dont
il avait vu le brillant début à Kara-Mustapha.

Mostaganem était déjà une ville importante, sur
les bords de la mer, à quelques kilomètres de
l'embouchure du Chéliff. Quatre mille Européens
étaient venus se mêler à la population indigène.
Les officiers du 4e de chasseurs d'Afrique avaient
établi, dans le quartier de cavalerie, un cercle dont
M. de Tartas était le président. Les journaux et
les revues y couvraient les tables, les canapés in-
vitaient au repos. Pour tout ornement, une pein-
ture grise couvrait les murs de la salle, une pen-
dule décorait la cheminée, et les meubles cachaient
la rudesse de leurs moulures sous l'empleur d'un

coutil rayé. On s'aperçoit déjà que la main d'Horace-Vernet n'était pas passée par là comme du côté de Bouffarick, mais la main de la victoire y avait déposé un drapeau taché de sang, un fanion criblé de balles, et deux tambours qui portaient encore l'empreinte des blessures qu'ils avaient reçues. C'étaient les tambours du fameux Sidi-Embarrak, pris à la journée de l'Oued-Malah, le drapeau de Geffine, et le noble fanion de Tartas, si glorieusement ramené après avoir traversé les bataillons de l'*envoyé du ciel.*

Le cercle du 4ᵉ n'était pas la seule distraction du commandant de Mostaganem. Les soirées, les festins venaient de temps à autre rompre la monotonie de la garnison. Or, par une belle matinée printanière, M. de Tartas, entouré de ses officiers et d'un détachement de ses chasseurs, et le colonel Bosquet, chef du bureau arabe, entouré de son goum, cheminaient joyeusement du côté du Chéliff. Un festin, digne des héros d'Homère, les y attendait. Le kalifa de la Mina Sidi-el-Aribi avait fait dresser, pour les recevoir, une grande et superbe tente sur les bords même du fleuve. Le goum du kalifa vint à la rencontre des hôtes pour leur faire escorte. Les salutations arabes s'accomplirent avec tout le cérémonial accoutumé, et l'on se remit en marche.

Le kalifa attendait ses invités à l'entrée de sa
tente; il les reçut avec toute la noblesse, toute la
majesté qui caractérisait cet homme de grande
race. Déjà le dîner était servi, et chacun, selon
son rang, s'assit sur de magnifiques tapis, les jambes croisées à la façon orientale. Les mets étaient
nombreux et variés, fortement assaisonnés de
poivre et de piment. Parmi ces ragoûts, se faisait
remarquer un immense *couscous*, à la forme pyra-
midale. Enfin arrivèrent les étendards homériques :
c'étaient des moutons entiers portés par des Arabes au bout d'une longue perche qui avait servi de
broche. Le cuisinier avait eu soin d'y pratiquer de
larges entailles pour faciliter le travail des convives, et chacun d'étendre la main et d'arracher le
morceau qui lui convenait. Les verres n'étaient pas
plus d'usage que les couteaux et les fourchettes.
Une tasse commune suffisait pour désaltérer tous
les invités.

Un spectacle inattendu était réservé pour le retour de cette expédition. A une certaine distance,
derrière un pli de terrain, on entend partir un
coup de fusil; deux Arabes parlent tout bas; bientôt ils s'agitent, d'autres arrivent en grand nombre de deux côtés opposés, on entend des cris de
guerre, des hurlements; on voit les Arabes s'ani-
mer de plus en plus, se mêler, s'entrechoquer; ils

se renversent, se relèvent avec la promptitude de l'éclair. Pas un mort, pas un blessé; tous sont d'une gaité enivrante. Pour faire honneur au commandant, en faisant plaisir au jeune Alfred de Tartas, le colonel Bosquet avait donné un signal à son goum, et le goum avait donné le spectacle de la *fantasia besef*.

De retour à Mostaganem, M. de Tartas ouvre une lettre du général Oudinot lui apprenant l'arrivée prochaine des princes, qui lui portaient ses étoiles. Ce fut le bouquet de cette délicieuse journée. Cette nouvelle fut bientôt confirmée par une lettre du maréchal lui-même. Dans quelques jours, il espérait pouvoir lui en écrire officiellement; il savait que la nomination était arrêtée dans les conseils du roi, et que rien désormais ne pouvait retarder une récompense si justement méritée.

La joie était grande pour le futur général; il avait cependant quelques ennuis. La vie de bureau n'était pas faite pour le tempérament d'Emile. La plume de l'écrivain était pour lui beaucoup plus lourde à porter que l'épée du soldat. Ces ennuis ne furent que passagers, et bientôt le colonel Pélissier vint relever M. de Tartas pour le commandement de la subdivision.

Il était déjà libre des soucis de la bureaucratie quand il reçut la nouvelle officielle qui devait le porter au comble de la joie. Le maréchal Bugeaud lui écrivait d'Alger :

« MON CHER TARTAS,

« J'ai enfin obtenu ce que je voulais pour vous. Vous avez fait partie de la première promotion, et vous êtes le seul de votre arme. Il fallait bien que votre affaire du 30 septembre, si digne d'un Murat, vous donnât ce privilége.[1]

« Venez-nous voir ici. Je vous serrerai la main avec la même effusion que je le fis près de Bel-Assel, quand vous fûtes si beau d'élan et de sang-froid. En vous donnant ce témoignage de sa confiance, le Roi a voulu récompenser en vous les grands services que vous avez rendus à la France et à son armée. Le ·brave régiment que vous quittez se tiendra toujours, je l'espère, à la hauteur de sa réputation que vous avez si bien secondée : la force des soldats ·est dans l'exemple de leurs chefs. »

Ce même jour, M. de Tartas recevait aussi une lettre de félicitations du lieutenant-général de Castellane qui le remerciait des soins qu'il avait donnés à son fils. Le jeune comte de Castellane, qui a

---

[1] Ce n'est pas dès-lors que M. de Tartas fut surnommé le *Murat d'Afrique*. Mais on voit par cette lettre que le maréchal acceptait cette antonomase, déjà reçue depuis longtemps.

écrit les *Souvenirs de la vie militaire en Afrique*,
s'était engagé à Perpignan en 1842, le jour où il
accomplissait sa dix-huitième année. Son éducation brillante lui permettait de passer les examens
pour l'école militaire, mais il préféra, à l'exemple
de son père, débuter au service comme simple
soldat. Il avait connu les premiers exploits de
Tartas, ses relations affectueuses avec ses officiers,
son amour pour les soldats, et il s'engagea pour
le 4e régiment de chasseurs d'Afrique. Nous avons
vu qu'il s'y était particulièrement distingué dans
le combat de Tifour.

Aussitôt qu'il eut reçu sa nomination, M. de
Tartas donna rendez-vous, au cercle du 4e, à
tous les officiers de son régiment, et les invita à
dîner pour le lendemain, à l'hôtel de la Régence.
Au nom de ses camarades, un des officiers répondit aux touchants adieux du colonel, et le sup-
plia de vouloir bien laisser au cercle son portrait
et sa tenue, qu'il ne devait plus porter. La tenue
et le portrait de Tartas allèrent prendre place à
côté de son fanion, au-dessous du portrait du
maréchal duc de l'Isly.

Ce n'était pas assez. Le colonel était l'idole de
son régiment, et ses officiers voulurent encore avoir
sa défroque, précieuse relique pour des soldats
qu'on va quitter pour toujours. Tout le monde

savait que Tartas allait rentrer en France, en recevant le grade de maréchal de camp. Le colonel
Dupuch, aujourd'hui général de division, son
successeur au commandement du 4ᵉ, eut ses épaulettes ; le capitaine adjudant-major Cadic, aujour-
d'hui lieutenant-colonel au 11ᵉ dragons, son ceinturon d'argent ; le capitaine trésorier, son couvert
d'expédition.

On ne voulait pas lacérer cette précieuse défroque, et tout le monde ne pouvait y participer.
Cependant il y avait là un chef d'escadron qui méritait une attention toute particulière. C'était le
brave Cologne, qui s'était distingué au combat
contre les Ben-Hamel, et que Tartas appelait son
Raspail. Cologne était presque un compatriote ; il
était d'Auch. D'une prudence sans égale, il se faisait toujours suivre d'une pharmacie ambulante,
qu'au besoin il mettait volontiers à la disposi-
tion de ses amis. Malgré sa vigueur et sa santé de
fer, le colonel y avait eu quelquefois recours.
Cologne ne pouvait pas être oublié : il eut le
spencer de Tartas.

De leur côté, les officiers du 4ᵉ voulurent aussi
donner un dîner d'adieu au nouveau général. Il
fut à la fois calme sans tristesse, et joyeux sans
trop de gaîté. Une gaîté naïve l'emporta cependant ;
les Muses prirent part à la fête, et les chants

dissipèrent tous les restes de mélancolie. Paul Valabrègue, qui avait prédit à M. de Tartas sa prochaine élévation, lors de la rencontre du maréchal, commença le premier un chant de sa composition : [1]

> Gai ! gai ! réjouissons-nous,
> La joie est de circonstance ;
> Célébrons l'ordonnance
> Qui met des étoiles chez nous.
>
> Nous nous croyions des proscrits,
> Et voilà qu'en dépit des drôles,
> Le roi met sur nos épaules
> Les joyaux du Paradis. *(Gai ! Gai !)*

Je laisse les autres couplets.

Un enfant d'Allemagne, le capitaine Winkel, entonna aussi de joyeux refrains ; mais celui qui fut le plus heureux dans ces compositions improvisées, ce fut le capitaine adjudant-major Bastide, plus sérieux dans sa poésie : [2]

> Autour de moi, j'entends la voix joyeuse
> De la chanson que fait naître un banquet ;
> Ma pauvre muse en est toute honteuse,
> Je veux pourtant risquer un seul couplet.

[1] *Paul* VALABRÈGUE fut cité parmi les braves du 4e de chasseurs d'Afrique qui se signalèrent au combat de Temda.

[2] Cet officier, glorieusement cité à la bataille de l'Isly, s'était déjà distingué au bivouac de Souk-el-Seb des Beni-Caïb où il reçut une blessure grave.

Acceptez donc le regret bien sincère
Du vieux soldat qui ne sait pas mentir ;
Au général, une famille entière
Du colonel garde le souvenir.

(Lui offrant une branche de laurier.)

Prenez aussi ces fleurs que ma pensée
D'un saint prestige orne en vous les offrant ;
De la mémoire ici par vous laissée
Elles seront un emblème parlant.
Et si le sort, qui maintenant vous aime,
Vous réservait de moins splendides jours,
Venez encor trouver le quatrième ;
Ces fleurs pour vous il les aura toujours.

Durant le festin, la musique du régiment mêlait ses refrains aux refrains des officiers. Elle accompagna le général jusqu'au bateau à vapeur qui l'emportait auprès du gouverneur. Chargé pendant quelque temps de l'inspection de la cavalerie, M. de Tartas ne quitta l'Afrique qu'au mois d'octobre suivant, mais c'était pour ne plus la revoir.

XIV

Un album ; — Adieux à ma mère ; — Imminence d'un abordage ; — Île Bourbon ; — Visite au Gouverneur ; — Saint Paul ; — Description du Presbytère ; — Souvenirs poétiques de la Patrie ; — Le curé de Saint-Paul et les brigands de Bernica ; — Sainte-Hélène ; — Vers à Napoléon ; — Une visite au tombeau ; — Comment le Paris est sauvé du naufrage.

« Quel est ce vieux marabout que je vois au

pied de cet arbre? — Doucement, général, si vous avez un sabre, passez au large; je n'ai qu'un crayon pour me défendre. — Celui qui vous défendit contre les brigands de Bernica? — Le même. — C'est bien; je vois que vous êtes fidèle à votre promesse d'hier. Et votre album? — Le voilà, général. — Très-bien; hâtez-vous de terminer votre croquis et je vous attends au Mirail. »

C'était l'arrière-saison des vendanges, et M. de Tartas venait d'arriver pour en goûter les derniers charmes. La veille, il m'avait rappelé mes promesses de l'année précédente, et je me rendais à son invitation. Après le déjeuner, il donna la consigne à François Samaran, et le pria de ne pas venir le déranger jusqu'à nouvel ordre. Puis il me fit asseoir à côté de lui, l'album fut déposé sur la table, et je l'ouvris au premier feuillet. « Voilà un joli navire, me dit-il. — C'est celui qui m'emporta à Bourbon après ma visite à Saint-Germain. A l'horizon, c'est le phare et le clocher de Saint-Nazaire, et cette voile, c'est la barque du pilote qui vient de nous quitter. Passons au second feuillet. — Pas encore; lisez-moi ces vers. — Pardon général, c'est un péché de ma jeunesse. — Je vous en donnerai l'absolution. — Ce sont les adieux à ma mère. — Raison de plus, lisez, je vous prie. »

Loin de toi, ma tendre mère,
Je vais passer de longs jours ;
Que le Ciel nous soit prospère,
    Nous aime toujours !
Après une trop longue absence
Je reviendrai sécher tes yeux ;
Je pars, il faut quitter la France,
Ma mère, reçois mes adieux.

Si Dieu secondant mon zèle
Loin d'ici porte mes pas,
Si pour sa gloire il m'appelle
    Aux lointains climats ;
Un jour, c'est là ma confiance,
Ensemble nous vivrons heureux ;
Je pars, il faut quitter la France,
Ma mère, reçois mes adieux.

Un navire sur la plage
Vois-tu le dernier signal ?
Entends-tu dans le cordage
    Gronder le mistral ?
Mais il me reste l'espérance
De te revoir en ces beaux lieux ;
Je pars, il faut quitter la France,
Ma mère, reçois mes adieux.

Déjà la fière *Bellone*
Voit flotter ses pavillons,
Et le flot qu'elle sillonne
    Saute à gros bouillons.

Le nuage qui se balance
Léger sous le cristal des cieux ,
Me laisse voir encor la France :
Il te portera mes adieux.

« C'est assez joli, et j'y trouve du sentiment ;
mais votre poésie m'apprend quelque chose que
j'ignorais. — Quoi donc? — Je connaissais bien
le mistral qui gronde quelquefois furieusement sur
les côtes de la Provence ; mais je ne connaissais
pas le mistral de la Bretagne. — Certes, moi non
plus ; j'avais besoin de ce mot pour la rime. — Et
la raison? — Les poètes s'en inquiètent peu. —
C'est encore une chose que vous m'apprenez. »

« Voici les îles Madère, et comme vous le voyez
par l'allure de la *Bellone*, nous voguions alors à
pleines voiles. Ceci, c'est une messe à bord, le
jour de l'Assomption. Le capitaine Fitau avait eu
l'obligeance de nous faire dresser un autel sur la
dunette, sous une tente qui nous abritait contre
les rayons d'un soleil tropical. Une brise légère en
avait déjà tempéré les ardeurs. Ces deux prêtres
qui me servaient à l'autel, venaient partager mes
travaux. Le premier, l'infortuné Champ, eut le
malheur de faire naufrage à son retour en France,
et les flots de la mer n'ont jamais rendu ses dépouilles. »

« Voilà deux vaisseaux bien noirs ; vous aviez

alors un compagnon de voyage? — Oui, et nous nous en serions bien passés. Il était dix heures du soir, et la lune, toute belle de son éclat, nous laissait apercevoir l'équipage du navire anglais. C'était le *Majestic*, de Niewcastle, comme nous venions de l'apprendre ; car on s'était hélé d'usage. Les deux navires couraient au plus près du vent, les amures à babord. Un cri sinistre ne tarda pas à partir du *Majestic;* nos matelots le répétèrent avec frémissement. Ce navire s'étant un peu trop rapproché de nous, venait de nous masquer, et les vents se jouant incertains dans nos voiles, avaient comme arrêté la marche de la *Bellone*. De son côté, le *Majestic* étant serré par le vent à babord, tombait inévitablement sur nous si le capitaine anglais ne comprenait pas la seule manœuvre qui pouvait nous garantir d'un choc imminent. Il était maître du vent, et notre salut commun dépendait de lui seul. Aveuglé par le danger, loin de commander la manœuvre, on n'entendit sortir de sa poitrine que des cris de désespoir. J'étais alors sur la dunette, et je touchai presque le beaupré du navire anglais. Miséricorde! s'écrient nos matelots, nous sommes tous engloutis! Ce cri vint encore augmenter la terreur des passagers. Pour moi, j'attachai mes regards au ciel : l'Etoile de la mer était là. Tout à coup, par une de ces illuminations dont les âmes fortes sont seules capables, debout, immobile au milieu de ce grand péril : « Matelots du *Majestic*, crie d'une voix forte notre capitaine, masquez votre hunier. Les matelots anglais entendirent sa voix, et masquant leurs voiles de derrière, le *Majestic* resta en panne, tandis que la *Bellone* reprenait son sillage au milieu d'une acclamation qui s'éleva des deux navires à la fois. »

M. de Tartas écoutait cette lecture avec une certaine émotion. Il savait bien que tous les dangers n'étaient pas sur les champs de bataille. Je n'improvisais pas alors ; je lisais une page de mon album, écrite quelques jours après, sous l'impression qui me restait encore d'un abordage si prodigieusement détourné par le capitaine Fitau.

« Ces montagnes que vous voyez maintenant, c'est l'Ile-Bourbon, que la vigie nous annonça le 19 octobre 1840, quatre-vingts jours après notre départ de Paimbœuf. Sauf l'incident que je viens de vous raconter, notre traversée avait été superbe, autant qu'on peut l'espérer dans une si longue course Il était dix heures du matin. A onze heures, les formes se dessinent plus nettement ; à midi, nous distinguons parfaitement le Piton-des-Neiges, solitaire et menaçant, et les mille anfractuosités des Salazes ; à une heure, nous reconnais-

sions les champs de canne à sucre, les forêts
d'orangers et de cafiers, les bosquets de girofliers,
à l'odeur suave ; à deux heures, nous avions jeté
l'ancre dans la rade de Saint-Denis ; à trois heures,
nous chantions le *Te Deum* dans la cathédrale.
Bientôt après nous étions à la préfecture apostolique. Pendant le diner, M. le préfet nous fit causer
de la France, de la traversée. J'étais fatigué. Un
coup de clochette : Montan, le serviteur le plus
intelligent, tout cafre qu'il est, se présente :
Mossié, me dit-il, *si vous lé fatigué, vous y
peux dormir ; la sambre l'est parée.* Je le pris
au mot.

« Je passai une assez bonne nuit, mais le roulis
et le tangage du navire, les cris des matelots, le
bruissement des vagues, tout cela m'avait accompagné à la préfecture apostolique, et troublait tant
soit peu mon sommeil. La voix roque de Montan
qui vint, le matin, me souhaiter le *bonsour*, me
sembla celle du maître d'équipage. Mais je me
remis peu à peu, l'illusion se dissipa, et je fus
encore assez libre pour aller faire avec M. le préfet
apostolique la visite obligée à M. le gouverneur.
Je m'attendais donc à trouver ce roi de la colonie
environné de mystère et décoré d'une certaine
magnificence. Un pion nous introduit au jardin,
et j'aperçus d'abord un petit homme, revêtu d'un

pantalon de toile blanche, d'une petite veste de la
même étoffe, occupé à émonder quelques arbustes.
C'est sans doute le jardinier, dis-je à M. le préfet
apostolique? Sans me laisser achever, M. le préfet
salua le grand et modeste personnage. M. de Hell
nous reçut avec une bienveillance, une urbanité
que je n'oublierai jamais. Il nous fit asseoir à ses
côtés sur un tapis de verdure, et pendant notre
causerie, ses aides-de-camp, richement vêtus,
vinrent à leur tour nous présenter leurs salutations. Leurs habits brodés d'or et leur brillante
épée me parurent un singulier contraste avec la
serpette et le pantalon de toile blanche de M. le
gouverneur. Ils me rappelèrent les officiers
d'Alexandre devant Abdolonyme, le royal jardinier. »

Pendant que je lisais cette page, M. de Tartas
m'écoutait avec tout l'intérêt d'un homme qui n'aurait jamais vu la mer ni les colonies, ou plutôt
avec le charme qui s'attache aux souvenirs des
colonies et de la mer, et il me pria de continuer.

« Voilà la place du gouvernement et le palais du
gouverneur, où flotte le drapeau de la France.
Ici, c'est la cathédrale de Saint-Denis, et ces riches
magasins qui bordent la rue de l'Eglise ne seraient
pas déplacés dans la plupart des rues de Paris. —
Ah! voici une sentinelle, une religieuse des éclop-

pés ; c'est sans doute un hôpital? —Oui, l'hôpital militaire tenu par les religieuses de Saint-Joseph de Cluny, et voilà la salle où mourut le pauvre Galard, dont je vous racontai, l'an dernier, la fin si prématurée, la piété et la résignation.

« C'est une belle mort, il faut en convenir, et ce sera la mienne, Monsieur l'abbé, si je ne suis pas atteint par la foudre. — La foudre s'annonce par un éclair, et déjà elle a frappé celui qui l'attendait le moins. La mort, général, c'est le commencement de la vie; et le plaisir de mourir sans peine, comme l'a dit quelqu'un, vaut bien la peine de vivre sans plaisir. — Je comprends; vous connaissez mes sentiments, et soyez sûr que je ne tarderai pas à vivre en chrétien.

« Franchissons ces grandes montagnes, cette gorge qui vous rappelle assez le défilé de Tifour ou le col de Mouzaïa. Arrêtez-vous, si vous le voulez, à cette redoute où flotte encore le drapeau national. — C'est la plus forte pour protéger Saint-Denis? — La plus forte. — Je ne voudrais, pour la prendre, que 50 zouaves soutenus par 25 de mes chasseurs.

« Passons rapidement tous ces feuillets, arrivons à Saint-Paul, que Dumont-d'Urville, ou le voyageur qui a écrit sous son patronage, a célébré avec tant de prédilection. —C'était aussi votre ha-

bitation de préférence? — Et oui ; j'ai passé là
trois ou quatre ans, dans un quartier dont Féné-
lon aurait parlé comme il a parlé de la Bétique.
Situé au pied de la montagne où serpente la route
de Saint-Leu, à quelques pas de l'église, le presbytère s'élève dans une touffe de bois noirs, sous
un tamarinier gigantesque qui le protège contre
les ardeurs du soleil. Du vaste salon qui occupe le
milieu de la cure, la vue s'étend du côté de la mer,
et quand la brise agitait les bois noirs, je voyais
aussi, à travers le feuillage, se balancer les mâts
des navires mouillés sur la rade. Cette mosaïque
dont j'ai fidèlement reproduit le dessin, était en
marbre de Batavia. Elle couvrait la varangue tout
entière, et s'étendait au-dehors jusqu'à la grande
porte de la première enceinte. De chaque côté de
la mosaïque extérieure, j'avais dessiné un parterre
où les fleurs, ne connaissant point d'hiver, se suc-
cédaient perpétuellement. Des lianes au feuillage le
plus délicat, s'élevaient dans les airs comme des
flèches de verdure, d'où pendaient des fleurs d'un
rouge éblouissant.

« Il me semble que j'y suis, me dit le général,
et votre cure de Saint-Paul me rappelle parfaitement mon habitation de Mostaganem.

« Du côté de la montagne, vous voyez cette
magnifique terrasse, et à ses pieds, une colonne

surmontée de la statue de la Vierge? Je l'avais
dressée pour favoriser la dévotion des noirs au
service de la cure; il y en avait une dizaine, ni
plus ni moins. Tous les soirs, ils venaient faire la
prière en commun aux pieds de la madone, et
chanter des cantiques à sa louange. Le chœur était
conduit par une négresse dont la voix était ravis-
sante. Il y avait parmi ces noirs des indigènes, des
Malgaches, des Cafres et des Iambanes; mais ils
parlaient tous le même langage, la langue créole, qui
ressemble beaucoup à celle de vos Arabes quand ils
essaient de parler français. Ils ont, du reste, la
même origine, et ce sont tout simplement des
Africains de différentes tribus. Souvent, après la
prière et le chant des cantiques, chacun à son tour
se mettait à narrer des contes de son pays, et ils
valaient bien nos contes bleus, je vous l'assure.
Pour les entendre tout à mon aise, et sans trou-
bler la naïveté des récits, je me dérobais quelquefois aux regards des conteurs. J'étais heureux du
bonheur de ces pauvres esclaves, et vous avouerez
vous-mêmes que ces scènes étaient bien autrement
touchantes que la plupart de celles qui nous viennent des esclaves de la terre classique de la liberté, qu'on appelle la fière, l'indépendante Amé-
rique!

« Tantôt je les entendais gravement disserter

sur les intérêts de la France, tantôt sur les batailles de l'Empire, et sur l'Empereur lui-même, dont
le nom avait quelque chose de magique pour eux.
Ils n'étaient pas tous imbécilles, croyez-le bien.
Martin était le grand dissertateur ; il parlait quelquefois des projets d'affranchissement, et je vous
assure qu'il aurait pu donner des leçons à nos superbes négrophiles qui dissertent beaucoup à la
tribune du Palais législatif, mais qui n'en ont pas
moins le léger inconvénient de parler de choses
qu'ils ne connaissent pas.

« Je vous fais grâce maintenant de la description du jardin, de ses allées de manguiers, de ses
canaux limpides, de ses viviers où se jouent mille
poissons, des cascades qui l'arrosent, de la grotte
que vous voyez aux pieds de la montagne ; passons
à l'autre feuillet. — Oh ! quel ciel enflammé ! c'est
bien un ciel d'Afrique, c'est le ciel que l'on voyait
le soir du combat de la Mina. Et ces rochers qui
bordent la mer ? et ces vers que je vois encore sur
le verso ? — Laissez-donc. — Je vous ai promis de
vous absoudre de ces péchés de jeunesse ; dites-
moi celui-ci :

> De l'Océan que soulève la brise
> J'entends mugir les flots tumultueux ;
> Mais j'aime mieux de ma chère Gélise
> Les flots d'azur, les bords silencieux.

De cent palais j'ai vu nos grandes villes
S'enorgueillir et couronner leurs fronts;
Mais j'aime mieux dans nos plaines fertiles
Voir ondoyer les riantes moissons.

J'ai vu briller dans le bois de Boulogne
L'or fastueux que l'on jette à Paris ;
Mais j'aime mieux de ma chère Gascogne
Le soleil pur, l'innocence et les ris.

Près de la Seine une riche couronne
De son éclat éblouit tous les yeux ;
Mais j'aime mieux dans ma fraîche Garonne
Voir les reflets de la splendeur des cieux.

Du Panthéon le superbe portique
Semble effacer le palais de nos rois ;
Mais j'aime mieux la chapelle rustique
Où j'ai prié pour la première fois.

Là, de grands noms dédaignant la poussière
Dorment gisants dans des sépulcres d'or ;
Mais j'aime mieux mon humble cimetière,
Ma croix de bois, mon unique trésor.

« A la bonne heure ! Voilà le patriotisme mêlé
au sentiment; et vous savez, Monsieur l'abbé, que
j'aime l'un et l'autre. Continuez, je vous prie, et
dites-moi enfin l'histoire de votre crayon. — Nous
y arrivons. En voilà le dessin ; voici le sujet. Je
vais abréger pour n'être pas trop long. — Ne
comptez pas les minutes, je vous en prie.

« Parmi les noirs de Bourbon, et surtout parmi

les Cafres, il en est qui ont conservé tous leurs instincts sauvages, malgré leur contact avec les indigènes, naturellement plus doux et plus maniables. Il était difficile de les contraindre au travail, et il n'était pas rare de les voir quitter leurs maîtres, pour s'en aller dans les montagnes et les forêts vivre des produits d'une nature inculte ou de leur brigandage. C'est ce qu'on appelle les noirs marrons, et il y a quelquefois des bandes de ces gens-là qui deviennent la terreur du pays. On est donc loin d'être en sûreté dans les routes désertes, et malgré la vénération que les noirs ont généralement pour les prêtres, on n'en rencontre pas moins, sur la route de Saint-Paul à Saint-Denis, une croix qui marque la place où fut assassiné un missionnaire. La ravine du malheur, ainsi nommée depuis cet attentat, inspire toujours des craintes au voyageur aventureux.

« Les hauteurs de Bernica ont aussi leur célébrité pour les noirs marrons. Un soir, vers dix heures, on vint frapper à la porte de la cure, et me prévenir que sur ces hauteurs un esclave se mourait dans une habitation isolée. Je ne balançai pas un instant, je montai à cheval, et je me dirigeai vers la cabane du mourant. Je ne sais pas si vous avez vu en Afrique un chemin plus escarpé et plus rocailleux, bordé de ravines plus profon-

des, que celui que j'eus à parcourir. Après bien des
fatigues, j'arrivai enfin, et j'accomplis les devoirs
de mon ministère.

« Au retour, le noir qui me conduisait s'égara
dans la route. La nuit était déjà sur son déclin,
la lune projetait sur les rochers une lueur fantas-
tique. J'étais peu rassuré, car je ne savais plus où
j'étais. La lune seule était alors mon guide le plus
sûr. Un noir, un véritable géant, armé d'une
longue barre, m'aborde d'un air peu rassurant,
et se propose pour compagnon de voyage. A une
certaine distance, j'aperçois un feu de bivouac, et
de temps en temps quelques figures sinistres venaient faire silhouette devant les flammes. Je compris que nous approchions du pont de Bernica.
Une fois sur le pont, j'étais sur la grande route,
et grâce à la vitesse de mon cheval, j'étais sauvé.
Mais, jusque là, mon cheval était pour moi un
obstacle, tant la descente du chemin était difficile
et périlleuse : il fallut donc faire bonne conte-
nance, et, bon gré, mal gré, accepter le terrible
compagnon de voyage. Jamais je n'avais vu mon
sans-froid grandir à la hauteur de ce danger. Je
crois que je fascinai le terrible Cafre. Nous arrivons
ainsi en face du pont et du bivouac. Le moment
était décisif; j'avais toujours l'œil au guet. Le noir
semble se réveiller, saisit la barre avec ses deux

mains, et d'un air farouche : « *Vous y n'as pas peur*, me dit-il? — On n'a pas peur d'un vieux marron quand on marche armé de deux pistolets. Prends garde à toi, brigand, si tu bouges, je te brûle la cervelle. » Et je tiraï un crayon de ma poche, la seule arme qui me suivait partout. Le noir effrayé recule; je laboure les flancs de mon cheval et je le lance à fond de train. Le pont franchi, je vais attendre au loin, sur la grande route, le noir qui me servait de guide. Je savais d'ailleurs qu'il n'y avait aucun danger pour lui. Aussitôt qu'il m'a rejoint : « *Tout di bon, mon père, moi la eu peur. L'était un fier marron çà, mais vout manière la sauve nous.* »

« Ces misérables sont bien partout les mêmes, et j'avoue, me dit le général tout ému de ce récit, que si nous n'avions pas eu d'autres armes que la vôtre, nous aurions eu des têtes coupées par centaines. Mais enfin j'admire votre sang-froid, et je crois que vous avez manqué votre vocation. — Ne croyez pas cela, général. Toute la mansuétude du caractère sacerdotal n'empêche pas le prêtre de trouver dans sa conscience toute l'énergie que commande le danger. Vous avez connu l'abbé G'Stalter et quelques autres; ils vous ont donné la preuve de ce que je viens d'avancer. Courons maintenant sur ces dessins agrestes, ces champs de canne à sucre, ces bosquets de cocotiers. Laissons l'habitation de M. de Villèle, et songeons au retour.

« Voilà un navire bien engagé! — C'est un coup de cape, par le travers du canal Mozambique, aux approches de la pointe si bien appelée le cap des Tempêtes. Passons ce terrible promontoire; voici la pointe du cap de Bonne-Espérance, dont le nom résonne plus doucement au cœur des matelots. Franchissons l'île de Sainte-Hélène. — Non, je vous prie, arrêtons-nous là un peu. Ah! je comprends; lisez, lisez. — Mais, général, les appréciations sont si diverses. A côté de la grandeur, il est difficile au prêtre de ne pas découvrir les revers de l'ambition. — C'est de l'histoire : lisez, lisez. » Le capitaine m'avait averti qu'à l'habitation que l'on voit près du tombeau du grand homme, était un registre sur lequel les visiteurs inscrivaient leur nom, en l'accompagnant, le plus souvent, de certains commentaires. Ils n'étaient pas toujours très-flatteurs pour l'Angleterre; toutefois, les Anglais ne s'en fâchaient pas, et permettaient volontiers ces soulagements du cœur. Dans ce pélerinage historique, je voulus vider le mien, et j'inscrivis mon nom sur le grand répertoire, avec les vers suivants :

Asile sombre et noir, terrible Sainte-Hélène ;
Oh ! qui l'eût dit qu'un jour, sur tes sommets déserts,
Celui qui des combats ensanglanta l'arène
    Devait mourir chargé de fers !

Il fallait un rocher au nouveau Prométhée
Pour expier les torts de sa grandeur passée :
Qui fait tomber les rois doit tomber à son tour !
Mais Hudson-Lowe insulte et s'attache à sa proie ;
Sans cesse il la déchire et sans cesse il la broie :
    Fallait-il un pareil vautour !

Et je comprends encor qu'au géant des batailles,
    Pour ses obscures funérailles,
Le sort ne réservât qu'une étroite prison ;
Mais pour ce noble front, pour cette tête altière,
C'était trop de ployer jusqu'à l'heure dernière
    Sous l'émissaire d'Albion.

Et tandis qu'Albion à ces rochers funestes
Enchaînait du héros les déplorables restes,
    Dans l'opprobre et dans le mépris,
La France lui dressait un royal mausolée,
Et son ombre aujourd'hui repose consolée
    Sous les drapeaux qu'il a conquis.

« Le tombeau de Bonaparte était dans la vallée de Sinn, près de la fontaine où il allait souvent s'asseoir à côté de son fidèle Bertrand. Quand je passai par là, il y avait à peine quelques jours que les restes de Napoléon avaient été transportés en France. Cela me permit de descendre dans le caveau, et d'en emporter une de ces petites pierres

que le cicerone du lieu a soin d'y entretenir pour
en gratifier les visiteurs. Vous comprenez bien
que ce cadeau n'est pas tout à fait désintéressé,
mais pour lui donner plus de valeur, l'intelligent
cicerone vous affirme, sur son honneur, que ce
petit fragment a été détaché de la pierre tombale.
C'est absolument la multiplication des balles de
Waterloo, dont je conserve aussi quelques spéci-
mens. Bref, je pris cette petite pierre, je détachai
une branche du saule le plus rapproché du monu-
ment, je bus un verre d'eau à la fontaine historique, et je me retirai, emportant un bouquet composé des fleurs qui émaillent ce gazon toujours
verdoyant.

« Je vous l'avoue, j'avais le cœur ému en présence de tous les grands souvenirs que ces lieux
éveillaient dans mon âme, et je confiai encore à la
poésie le soin de traduire mon émotion :

Val de Sinn, laisse-moi boire à la source pure
Où ton captif aimait à se désaltérer,
Et laisse-moi fouler ces tapis de verdure
    Qu'il aimait à fouler.

Laisse-moi, val de Sinn, avant que la nuit tombe,
De son génie éteint chercher quelque lambeau,
Et du saule penché qui pleure sur sa tombe
    Détacher un rameau.

Val de Sina, laisse-moi descendre sous la pierre
Où la victoire en deuil descendit avec lui,
Où le Corse géant dans son manteau de guerre
Dormait enseveli.

Peut-être il reste encor sous ce marbre de glace
Quelque noble débris du faste impérial ;
Peut-être y trouverai-je encore quelque trace
De son char triomphal.

Mais tout a disparu sous cette tombe avide :
Sa gloire, son génie et son sceptre puissant.
Des grandeurs d'ici-bas la pente est bien rapide :
Dieu seul est toujours grand !

A ce moment, on vint nous avertir que le dîner était servi. Ce fut très-heureux pour moi, car j'étais fatigué de cette longue lecture, et le général ne voulait pas me faire grâce d'une ligne. Il me restait encore l'épisode le plus émouvant de la traversée. Assailli par une horrible tempête, le *Paris*, commandé par le capitaine Baudin, lutta pendant cinq ou six jours entre la vie et la mort, non loin des côtes de France. Vainement le canon de détresse retentit trois fois dans le pertuis d'Antioche : il ne fut pas entendu. Tout ce que je sais, c'est que le capitaine et tout l'équipage regardèrent comme un véritable prodige l'événement qui nous porta le salut. Je sais encore que quelques jours après, un matelot du *Paris*, revêtu de son grand costume, portant un poignard à sa ceinture, allait accomplir nu-pieds, un vœu à Notre-Dame-de-Verdelais. Toutes les péripéties de ce drame ne remplissaient pas moins de six pages de mon album. Je priai le général de m'épargner ces émotions. Après le dîner, il put lire ce récit tout à son aise, tandis que j'allai sur la terrasse respirer la fraîcheur du soir.

XV

Tartas commande la subdivision de Lot-et-Garonne ; — Tartas et les démagogues en 1848 ; — Courage de Tartas à l'Assemblée constituante ; — Tartas et les voraces de Lyon ; — Son attitude à l'Assemblée législative ; — Discours au sujet d'Abd-el-Kader ; — Tartas donne sa démission de représentant ; — Il n'est pas étranger au coup d'État.

M. de Tartas ne resta pas longtemps en disponibilité. Par décision royale du 30 janvier 1847, il était nommé au commandement de la subdivision de Lot-et-Garonne, en remplacement de M. le général de Galz-Malvirade. Il était alors près du foyer paternel, et il ne tarda pas à s'engager dans les liens du mariage ; il fallait au héros de l'Afrique et au citoyen généreux un héritier de sa gloire et de ses vertus. Le Ciel sourit à ses vœux et lui donna Fernand de Tartas.

Les dynasties que le fils de Guillaume avait servies de son épée avaient croulé sous les efforts des

doctrines révolutionnaires. En 1830, la France
avait courbé le front sous la main du libéralisme ;
dix-huit ans plus tard, les triomphateurs étaient
frappés à leur tour par la main terrible de la démagogie. La loi du talion semblait sortir du vieux
monde pour s'appesantir sur la société moderne
et la plonger dans la stupeur.

Cependant la France respirait encore et faisait
appel à tous les nobles dévouements. Le héros de
la Mina était prêt à retirer l'épée du fourreau, et
quand, dans les premiers jours de la catastrophe
de 1848, il se trouva en face des factions populai-
res, il sentit se réveiller en lui toute l'ardeur du
vieux soldat ; mais elle ne fut pas séparée de la
prudence du chef. Dans la ville d'Agen, les soldats de la garnison étaient sur la place du Palais,
en présence de la démagogie. La moindre imprudence pouvait amener la guerre civile et faire couler des flots de sang. Tartas monte sur le seuil de
l'Hôtel-de-Ville, et se tournant du côté des démagogues : « Eh bien, leur dit-il, que demandez-
vous ? Ma vie ? voilà ma poitrine. La mort de votre
général vous rendra-t-elle plus heureux ? Croyez-
vous donc que ces quelques braves ne suffiraient
pas pour me défendre ? Mais rassurez-vous, ils ne
tireront pas un coup de fusil. » Sur un signe du
général, les soldats, avec leurs baguettes, démon-

trent clairement que leurs armes ne sont pas chargées. « Vous le voyez, continue Tartas, mes soldats ne veulent pas vous faire du mal. Jusqu'à ce jour, je n'ai connu que la grandeur des batailles ; ne me forcez pas à faire descendre les combats dans la fange des rues. Croyez-moi, rentrez tranquillement dans vos maisons, car vous devez être fatigués. Nous le sommes nous-mêmes, et nous allons nous reposer. »

Ces paroles furent accueillies par les cris répétés de : Vive Tartas ! Vive le général ! et une heure après, la ville était aussi calme que dans les jours de sa prospérité.

Peu à peu, la France elle-même revenait de son premier étourdissement et cherchait à se reconstituer sur ses bases. Elle fait un appel à ses enfants, et, dans le département de Lot-et-Garonne, le nom de Tartas sort le premier de l'urne électorale. Sur 2,800 votants, le canton de Mézin lui donne 2,680 suffrages. Il en obtient près de 45,000 dans le département. Plus tard, le canton du Mas lui confiait le mandat de conseiller général, qu'il remplit avec honneur.

Le samedi, 29 avril, le général vint à Mézin pour remercier ses compatriotes des suffrages qu'ils venaient de lui accorder. Le soir, il y eut en son honneur une illumination brillante, et le

lendemain, à la pointe du jour, il repartait pour
aller rejoindre à Agen les autres députés. Ensemble
ils se rendirent sur l'esplanade du Champ-de-
Mars, où les attendait une foule enthousiaste,
la garde nationale et la troupe de ligne. Le temps
était magnifique ; il favorisa merveilleusement les
adieux solennels que la députation allait adresser
aux Agenais.

Le commandant de la garde nationale, M. Baze,
qui avait obtenu, après M. de Tartas, le plus
grand nombre de suffrages, fit la première allocution avec cette éloquence qui lui était si familière.
Le général ne parla pas avec moins de chaleur :
« Recevez à la fois mes adieux et mes remercî-
ments, vous, gardes nationaux, dont j'ai pu apprécier le courage et la modération ; vous, peuple
d'Agen, si généreux, si bienveillant pour moi ;
vous surtout, mes frères d'armes, qui avez partagé
mes travaux et mes dangers sur le sol africain,
vous à qui je dois les insignes de l'honneur qui
brillent sur ma poitrine. » Le jeune Bérard, ex-
commissaire du gouvernement provisoire, parla à
son tour, et sa parole eut aussi le secret d'électriser tous les cœurs.

Le lundi 1er mai, les députés partirent accompa-
gnés par la musique de la garde nationale et par
une partie de l'artillerie, qui devait aller jusqu'à

9

Tonneins. La foule était aussi nombreuse que la veille, et au moment où le bateau à vapeur prenait son essor, la musique joua l'air du *Chant du Départ*. Le bateau à vapeur emportait les députés de Tartas, Baze, Bérard, Boissié et Mispoulet. Une réception brillante les attendait à Tonneins, et là, les représentants de Luppé et le général Radoult-Lafosse se joignirent à eux. M. Vergnes les attendait à Marmande ; Dubruel les suivit le lendemain.

En partant pour l'Assemblée Constituante, le général, qui avait compris toute la gravité de la situation, avait juré de rester fidèle à son poste : il ne trahit pas son serment. La Chambre était à peine assemblée depuis quelques jours, qu'on entendait gronder les rumeurs les plus sinistres. Ces rumeurs grandissaient tous les jours, et finirent par pénétrer jusque dans l'enceinte du palais. Les démagogues venaient de l'envahir, et la désertion y fut nombreuse. Tartas y fut impassible et inébranlable, et pendant que la salle retentissait des cris de l'anarchie, il écrivait tranquillement à ses amis le drame qui se déroulait sous ses yeux. On connaît la lettre qu'il écrivit à M. de Vigier ; voici celle adressée à son frère Aristée, rappelant le courage de Ferraud et de Boissy-d'Anglas, à la séance du 1er prairial (20 mai 1795).

« Lundi, 15 Mai 1848, 3 heures.

« MON CHER FRÈRE,

« Je t'écris ces quelques lignes au milieu d'un tumulte effrayant pour les citoyens pusillanimes ; mais nous sommes à nos places, il en arrivera ce qu'il voudra. Habitué à voir l'ennemi de près et si souvent, je suis d'un calme que rien n'égale. Dieu sauvera encore le pays.

« Tout à toi de tout cœur.

« *Le général de brigade* ,

« E. DE TARTAS.

« *P. S.* — 4 heures et demie. — Je suis encore dans la salle des séances, voulant y rester le dernier, malgré tout, pour être fidèle à mon mandat. Nous n'y sommes pas nombreux.

« 5 heures et demie. — Nous venons d'être délivrés par la garde nationale (mobile). Quel affreux drame vient de se passer sous mes yeux ! J'ai vu des bras nus, armés de poignards, envahissant l'Assemblée. Je les ai entendus rendre leurs abominables décrets. Une dizaine de braves ouvriers qui se trouvaient dans l'Assemblée, ayant entendu prononcer mon nom, m'ont entouré. Je les ai remerciés en leur disant que je voulais mourir à ma place. Je suis heureux d'être né avec ce courage. Par suite de cette manifestation qui devait éclater dlus tard, je crois la France sauvée. »

Quelques jours après, il écrivait à son frère Eugène pour le prier de rassurer les Mézinois, alarmés comme tout le reste de la France : « Rassure tous ces gaillards inquiets, et dis-leur que le général auquel ils ont accordé de si nobles suffrages ne démentira pas leurs convictions, et que le poste qui lui a été confié par le vote universel passera toujours le premier, malgré mon ardeur pour les batailles. Le tumulte qui existe dans la Chambre disparaitra avec le temps, lorsque nous nous connaîtrons mieux. Ayez de la patience : c'est tout ce que nous vous demandons. »

Le désir de Tartas l'abusait. Les ministres n'avaient pas oublié le guerrier d'Afrique ; et malgré l'énergie qu'il montrait à l'Assemblée, ils crurent qu'il serait encore plus nécessaire au commandement de sa brigade, alors à Lyon, pour faire face à la démagogie. Ils ne se trompaient pas. Lyon était en proie à la fureur des *voraces*, et il fallait un général intrépide pour les affronter. Mais une fois le péril conjuré, M. de Tartas revint à l'Assemblée Constituante, et il écrivit à son frère une seconde lettre :

« EXCELLENT EUGÈNE ,

« Enfin je suis à mon poste de représentant,
faveur qui m'a été accordée avec peine, je ne sais
pourquoi. Malgré la boucherie qui a vivement
porté sur les généraux, je regretterai toute ma vie
de ne m'être pas trouvé à Paris pour partager la
mauvaise fortune de mes frères d'armes. Le général en chef, et par contre tous les ministres, se
sont laissés aller à l'idée que j'étais indispensable
au commandement de ma brigade, qui se trouvait
en face des *voraces* de Lyon, peut-être plus terribles, mais pas plus féroces que ne l'ont été ceux de
Paris. L'histoire se refusera sans doute à reproduire
toutes les horreurs commises dans la capitale du
monde civilisé, dégradée de ce titre à l'heure
qu'il est.

« Il y avait autant de dangers à courir à Lyon
qu'à Paris ; mais l'armée des Alpes a terrifié les
voraces. Là, comme à Paris, il y a des assassins
qui sont partout les mêmes. Heureusement les
balles glissent toujours sur moi. »

Rentré dans l'arène de la députation, M. de
Tartas y prit part aux combats de la parole ; par-
lons d'abord de ses escarmouches.

Dans la séance orageuse du 11 mai 1849, M. Du-
pont de Bussac s'étant permis des expressions
blessantes pour nos officiers généraux, au sujet des

interpellations de M. Jules Favre sur les affaires
d'Italie, trouva un rude contradicteur dans le général de Tartas, dont les paroles vives causérent
une certaine émotion dans l'Assemblée. Dans une
autre circonstance, il n'interpella pas avec moins
d'énergie un montagnard qui proposait, ni plus
ni moins, la destitution du brave général Changarnier.

A l'Assemblée Législative, dans la séance du 29
octobre, M. Francisque Bouvet ayant fait des interpellations sur la mise en état de siége dans les
départements, M. de Tartas l'interrompit plusieurs fois, en déclarant, contre les accusations
de l'orateur, que le colonel du 48ᵉ de ligne n'avait
fait que suivre les réglements et exécuté les ordon-
nances militaires.

M. de Tartas prit une part active à la discus-
sion au sujet de la création d'un bataillon destiné
à l'Algérie, et composé avec les débris des six
bataillons de la garde mobile, si cruellement dé-
cimée lors des journées de juin. Il monta à la
tribune pour conjurer le ministre de la guerre,
M. d'Hautpoul, de renoncer à la dénomination de
Chasseurs algériens, qu'il voulait donner à ces
soldats. M. de Tartas demanda avec instance que
le nouveau bataillon trouvât dans sa dénomination
quelque chose qui rappelât sans cesse aux gardes

mobiles leur noble origine, et ils furent appelés *Chasseurs de Paris*. .

Avant d'aller plus loin, je dois revenir à une séance précédente qui m'a fait connaître une expédition de Tartas. Plus d'une fois, nous avons vu le capitaine Charras . chef du bureau arabe, se distinguant par sa bravoure autant que par la connaissance qu'il avait du pays et de ses habitants. Charras se plaignit cependant, dans la séance du 19 juillet, d'avoir été calomnié sur l'avancement de ses grades. Il fit appel à la loyauté du général et à ses souvenirs, déclarant qu'il avait eu autrefois l'honneur, l'insigne honneur de charger à côté de lui. C'était dans le combat contre les Ouled-Ali-Ben-Hamel, dans la plaine des Chotts. Le général ne siégeait pas, dans la chambre, du même côté que Charras, mais il déclara qu'en effet cet officier s'était distingué dans cette charge brillante. Cette franchise lui valut les applaudissements de la gauche.

Dans la session de 1850, M. de Tartas eut aussi l'occasion de parler plusieurs fois, mais surtout dans la séance du 25 novembre. M. le général Fabvier ayant fait une proposition au sujet de la translation d'Abd-el-Kader à Saint-Jean-d'Acre ou à Alexandrie, et voulant qu'on s'en tînt aux promesses faites par M. de Lamoricière et le duc d'Aumale, Tartas réclama vivement la parole. Les journaux ne donnèrent qu'une faible partie de son improvisation ; je la reproduis tout entière d'après le *Moniteur* :

« Messieurs, je suivrai pas à pas l'honorable général Fabvier dans les minutieux détails dans lesquels il est entré, et surtout dans les nobles sentiments qu'il a exprimés à l'égard de la famille déchue (rires à gauche); mais je lui ferai observer que la France n'est pas engagée par un traité conditionnellement conclu par M. le général de Lamoricière et Mgr le duc d'Aumale (murmures à gauche. — A droite : très-bien !) et Abd-el-Kader. Si M. le général Fabvier connaissait l'Afrique, il verrait qu'Abd-el-Kader s'est imprudemment engagé dans un défilé d'où il ne pouvait plus sortir. Il s'est trouvé en face d'un officier dévoué à la France, et sur lequel il comptait avoir de l'influence. Abd-el-Kader s'est trompé : l'officier est resté dévoué à la France, et Abd-el-Kader s'est rendu à cet officier, qui en a écrit au général de Lamoricière.

« Le général en prévint le duc d'Aumale, et alors un traité fut conclu, mais la France avait besoin de le ratifier.

« Vous ne savez pas ce que vous feriez en votant cela ! vous mettriez le feu d'une extrémité de l'Afrique à l'autre. (Très-bien !)

« Abd-el-Kader exerce une influence magique sur les Arabes, et même sur les spahis qui nous sont dévoués ; car jamais ils ne se sont battus avec confiance contre lui, sans être soutenus par nos chasseurs d'Afrique.

« Abd-el-Kader, je ne crains pas de le dire ici, si vous le transfériez à Alexandrie ou à la Mecque, soulèverait immédiatement les populations arabes, et ce n'est pas lorsque vous dépensez des millions pour coloniser l'Afrique, que vous pourriez rendre ou faire semblant de rendre à ce pays un homme qui la mettrait en feu, et qui vous conduirait à de nouveaux sacrifices, sous peine de vous chasser ignominieusement de l'Algérie. (Vives réclamations sur plusieurs bancs.)

« *M. Aymé :* Moins que personne, général, vous n'avez le droit de dire cela. Tant qu'il y aura des hommes comme vous en Algérie, on ne nous en chassera pas.

« *M. Tartas :* Messieurs, abstenez-vous d'accueillir la proposition de l'honorable général Fabvier, que je respecte, comme homme, de tout mon cœur. Regardez sa proposition comme intempestive, et rejetez-la à jamais si vous ne voulez pas faire une mauvaise action. »

9*

Ce discours fit une vive impression sur l'Assemblée, et ne fut pas sans influence dans le rejet de la proposition Fabvier.

En 1851, M. de Tartas rétablit un fait historique au sujet d'un projet de loi sur la garde nationale. Dans la séance du 24 mai, M. le général de Grammont ayant attaqué la conduite de cette garde lors de l'envahissement de la Chambre, le le général Gourgaud crut pouvoir répondre à ces accusations. Tartas n'y tient pas : « C'est la garde mobile, s'écrie-t-il, qui a fait évacuer l'Assemblée! La garde mobile, 2e bataillon, commandant Clary! — Gourgaud veut insister. — Je sais bien ce qui s'est passé, répond Tartas; je n'ai pas quitté ma place! »

M. de Tartas s'était trompé quand il avait cru à l'apaisement des partis. Ils se heurtaient chaque jour de plus en plus, et le palais des lois était menacé d'une complète anarchie. Appelé à commander la brigade de la cavalerie de réserve de l'armée de Paris, le général donna, le 4 novembre, sa démission de représentant. On était à l'approche des grands événements qui devaient enchaîner la république, dont les institutions n'étaient pas faites pour la France. M. de Tartas fut au nombre des vingt généraux réunis à l'état-major des Tuileries par le général Magnan, dans la soirée du 26 novembre. C'est alors que le général en chef de l'armée de Paris fit à ses compagnons de guerre les graves révélations que l'on connaît; c'est alors que fut résolu le coup d'Etat. Quand la guerre civile éclata dans la capitale, Tartas arriva de Versailles à la tête de deux régiments de carabiniers. Il parcourut les boulevards, et alla camper aux Champs-Elysées, où il prit avec d'Allonville le commandement de tous les régiments de cavalerie qui s'y trouvaient campés. Le colonel Fleury fut blessé à ses côtés.

XVI

Le maréchal de camp ne tarda pas à recevoir la récompense des services rendus à la patrie; en 1852, une troisième étoile était ajoutée à ses épaulettes, et le nouveau lieutenant-général recevait en même temps le commandement de la 14e division militaire. Bordeaux l'accueillit avec enthousiasme,

et l'entoura des plus vives sympathies. Jamais
peut-être homme public ne les avait mieux méri-
tées. Sans ces ménagements cauteleux, sans cette
condescendance, cette souplesse que cachent toujours l'ambition ou la timidité, M. de Tartas eut le
secret de rallier autour de lui les opinions les plus
diverses et les plus opposées. On aimait sa franchise, son visage ouvert, la rondeur de son caractère, la générosité de son cœur. Quand il traversait les rues de Bordeaux sur son cheval de bataille, pour aller passer les grandes revues, c'était
de véritables ovations. Il y répondait courtoise-
ment, souriant à tous les groupes, et portant jusqu'aux galeries des balcons un mot gracieux, une
parole aimable.

La salle Franklin fut aussi témoin d'un de ses
plus beaux triomphes. Un jour que le barde agenais avait réuni dans cette salle l'élite de la population bordelaise, il redit la pièce de vers qu'il
avait composée en l'honneur de notre héros quelque temps après son retour d'Afrique.

Après quelques considérations générales qui
finissent par représenter les guerriers de nos
jours comme les dignes successeurs des enfants
de la vieille Gascogne, le poète continue :

Al dezèr de l'Africo oùn l'émir grinço et ploùro ,
Ana-li demanda ço que pèzo lou bras
De Ferrabouc , Durius, Cassagnòlo, Tampouro,
        Et surtout del brâbe Tartas...
Oh ! quan aquel se bat, és trop bèl de lou beyre !
Al ten de l'Amperùr alors on pot se creyre ;
Al moumen de carga dans soum fièr régimen ,
        Quan à la mort sous èls coubîdon ,
        Et que sous capitânis cridon :
        « Colonel, oun nous troubaren ? »

El respoun : « En aban ! darré lou triple ren !...
Et damb'és , sabre en mà, se lanço , tout brigaillo :
        Et darré la triplo muraillo
        De bayounetos, de mitraillo ,
Lous retròbo à l'endret marcat , deja famus ;
Noun pas touts ; mais y soun... et l'ennemit ?... gn'és plus !
O colonel ! as prés l'espaouleto estelàdo ;
Et perqué te bezèn luzi dins la countrâdo ,
Te dirèy : s'ès pintrat en fèt dins nostres côs :
        Et quan la glorio t'embirouno ,
        Et que la Franço te courouno ,
La Gascougno és ta may : pren la siò.... n'en bal dios ! !

En disant ces derniers vers, Jasmin s'approcha
du général , et lui posa sur la tête une des couronnes qu'il venait de recevoir. On vit alors des larmes rouler dans les yeux de Tartas : jamais
couronne n'avait été si douce à porter pour le
front du guerrier. Une tempête d'applaudissements retentit dans la salle Franklin, et on ne

savait pas ce qu'on applaudissait davantage, ou
des charmes du poète, ou de l'émotion du général.

On connaît les pèlerinages désintéressés de
Jasmin. La patrie de Tartas, la ville de Mézin, eut
aussi l'honneur de recevoir le poète et d'entendre
ses vers. L'industrie mézinaise, les liéges furent
naturellement chantés, et le général, que Jasmin
se plaisait à appeler son héros, ne pouvait manquer d'exciter encore la verve du poète :

> N'és pas tout, bilôto beziàdo :
> Toun païs és lou brés d'un famus general,
> Qu'a marcat dins l'Africo, al cat de nôstro armado.
> Coumo un casse pyramidal
> Al mitan d'uno cassenado !

Cette séance avait été organisée pour une œuvre
de charité, et Tartas était accouru de Bordeaux
pour déposer un billet de banque dans la bourse
du quêteur.

Avant son mariage, M. de Tartas était généreux
jusqu'à la prodigalité. Ses largesses se portaient
surtout vers les vieux militaires, qu'il considérait
comme les vétérans de la gloire. Il ne faisait aucune
distinction de nationalité. Les Polonais particulièrement trouvaient auprès de son cœur la même
compatissance que les Français. Dans les grandes

occasions, ses aumones s'élevaient toujours à la
hauteur des circonstances. Les pauvres de Mézin
reçurent cinq cents francs quand M. de Tartas reçut les épaulettes de colonel. Mais quand les soins
de la famille partagèrent son cœur, il cessa d'être
prodigue, sans cesser d'être généreux. Il n'aimait
plus la philanthropie, mais il aimait la charité.

L'âme de Tartas planait alors dans de nouvelles
régions : il avait trouvé ces aspirations vers le Ciel
que M. Louis Veuillot semblait lui présager sur
les plages africaines. C'est aussi que M. de Tartas
avait retrouvé à Bordeaux le saint évêque qui lui
avait inspiré tant de respect, quand il était encore
dans les camps. Les relations intimes du général
avec Mᵍʳ Dupuch triomphèrent des derniers obstacles que rencontre toujours l'homme du monde
quand il médite sérieusement de revenir à son Dieu.
Il est vrai, ce triomphe ne lui coûta pas bien cher.
Depuis le jour où le soldat avait reçu sur sa poitrine l'image de la Vierge, il était à moitié con-
verti. Le guerrier qui avait si noblement, si intré-
pidement affronté la mort sur les champs de bataille, ne pouvait trembler devant l'idole du respect
humain. Il la brisa comme un vase d'argile, et dès
ce jour, le général accomplit tous ses devoirs de
chrétien et de catholique, avec calme et simplicité,
sans faiblesse comme sans ostentation. Dans les

jours de nos grandes solennités, on le voyait avec
édification confondu avec les plus humbles fidèles,
et s'asseoir à la table sainte à côté du modeste
ouvrier.

La mort prématurée de Mgr Dupuch fut bien
cruelle pour son cœur. On le vît à sa sépulture
courbé sous cette douleur profonde que la mort
d'un père imprime toujours sur le front d'un enfant
bien-aimé. Le curé de Notre-Dame, M. de Langalerie
devint alors le confident des secrets d'Emile ; mais
ce ne fut pas pour longtemps. M. de Langalerie,
élevé à la dignité sublime de l'épiscopat, M. de
Tartas fut contraint de chercher un autre confes-
seur. Un prêtre vénérable et bien connu par ses
œuvres de charité, M. Buchou, fut le dernier confident des secrets du héros chrétien.

Comme tant d'autres guerriers, comme tant
d'autres administrateurs, M. de Tartas sut parfaitement concilier, avec les devoirs de la religion,
les exigences de sa charge et de sa position sociale.
Aujourd'hui, il présidait à Arcachon la Société de
Saint-Vincent de Paul ; demain, il organisait un
conseil de guerre, ou donnait au quartier-général
une soirée resplendissante, mais tout et toujours
avec la plus parfaite convenance.

Nommé plusieurs fois inspecteur-général de
cavalerie, en 1855, il était appelé au commande-

ment du camp de Hageneau. L'Empereur reconnut alors ses services en le nommant grand-officier de la Légion-d'Honneur. Deux ans plus tard, lors du passage du grand-duc Constantin à Bordeaux, il recevait de ce prince le grade de commandeur de l'ordre de Saint-Wladimir de Russie. Le roi de Portugal lui conféra aussi l'ordre d'Avès.

Ces distinctions paisibles, le calme et les douceurs de la vie de famille, n'empêchèrent pas le général de sentir son sang bouillonner, quand la dernière guerre éclata contre l'Autriche. Il écrivit à l'Empereur la lettre suivante :

« SIRE,

« Daignez me permettre d'exprimer à Votre Majesté le profond regret que j'éprouve de n'avoir pas été désigné pour le commandement d'une division à l'armée d'Italie.

« L'officier-général qui a eu le bonheur de conduire avec succès à l'ennemi ses braves régiments de chasseurs d'Afrique ; qui, au 2 décembre, était à Paris, à la tête de la brigade de carabiniers, lorsque le général Fleury, alors colonel, fut blessé à ses côtés, ne peut voir sans un vif chagrin qu'il n'a pas sous les ordres de Votre Majesté un commandement auquel son dévouement à Votre Personne, ses services de guerre, et ceux que sa force

physique et morale lui permet de rendre encore,
semblaient lui avoir créé des droits.

« Je suis etc. »

Durant cette guerre, il écrivit à son ancien compagnon d'armes, M. de Mac-Mahon, pour le com-
plimenter du brillant succès qu'il venait de rem-
porter sur l'armée autrichienne. M. de Mac-Mahon
voulut, à son tour, être agréable au général, et lui
rappela comment il l'avait vu, étant lui-même
sous ses ordres à Kara-Mustapha, couper en deux
le corps de Ben-Omar. « J'ai fait comme vous,
ajoutait le maréchal, j'ai coupé en deux le corps
d'armée de Clam-Gallas. »

Avant d'arriver au coup funeste, qu'on me laisse
encore raconter quelques traits du général, et
d'abord, une scène que j'appellerais volontiers de
camaraderie, si la distinction des personnages me
le permettait. Quand le général Pélissier revint en
France avec le titre glorieux de maréchal duc de
Malakoff, M. de Tartas se crut obligé de faire à son
compagnon de guerre une visite de félicitation. Il
se fait annoncer : le général de Tartas. « — Ah !
dit le maréchal, le général de Tartas ! c'est bien,
qu'on l'introduise ! — Monseigneur, un de vos
compagnons d'armes vient vous offrir ses hommages et ses félicitations. — Comment vous appe-

lez-vous, Monsieur? — Mais, Monseigneur, j'ai donc bien changé? — Je n'en sais rien. — Mais... le général de Tartas. — Le général de Tartas! J'ai oublié ce nom-là. — Mais, Monseigneur, vous m'avez remplacé au commandement de Mostaganem ; nous avons reçu, le même jour, les épaulettes de général ! — C'est possible, et il me revient quelque vague souvenir. »

Tartas n'y tenait plus ; il se croyait victime d'une mystification. « — Maréchal, lui dit-il, en prenant un ton plus élevé, je m'appelle Tartas, et je commande la 14e division militaire. — Eh bien ! Monsieur, répond sur le même ton le duc de Malakoff, toujours cloué sur son canapé, je le crois, et vous pouvez vous asseoir, si cela vous convient. » Tartas frappe du pied, tourne le dos et s'élance à la porte. A ce moment, le maréchal se précipitant vers lui : « — Eh ! dis donc, camarade, pourquoi te faire annoncer comme une demoiselle? Embrasse-moi, je t'en prie, et viens déjeuner avec moi. » Je n'ai plus besoin de dire les épanchements du cœur entre les deux amis.

Le dimanche, 20 novembre 1859, M. de Tartas arrive à Agen à midi. Une heure après, il passait en revue, au Champ-de-Mars, le bataillon du 48e et les cavaliers de la remonte. Il était accompagné du général de Tournemine, encore un héros de l'Afrique, du sous-intendant militaire et du commandant de gendarmerie. Au moment où les gendarmes cherchaient à contenir la foule qui se pressait sur les pas du lieutenant-général : « — Laissez-les! Laissez-les! s'écria-t-il ; ce sont des compatriotes, ils ne sont jamais trop près de moi. » Mot heureux, qui peint tout à la fois le cœur du général et les sympathies des Agenais.

Sous le patronage de Tartas, un vétéran de l'armée avait obtenu une place élevée et assez lucrative dans l'administration des chemins de fer. Malgré sa bonne volonté, le pauvre militaire ne fut pas tout à fait à la hauteur du poste qui lui était confié. Il fut remercié par l'administration, et se trouva de nouveau en face de l'indigence. Mais Tartas était là, et son protégé continua à recevoir les mêmes appointements sur la cassette du général. Comme tant d'autres, cette œuvre du soldat chrétien était restée dans le secret. Elle n'a été connue qu'après sa mort par la délicate indiscrétion du vieux militaire ; mais déjà il en avait reçu la récompense auprès de son Dieu.

M. de Tartas ne s'en doutait pas ; mais chaque jour il cheminait sensiblement vers la tombe. Le commandement qu'il avait exercé si longtemps et avec tant de force avait affaibli ses organes : il avait un poumon attaqué. Son médecin l'en avertit, et, malgré ses avis, à certaines saisons, il faisait, tous les jours, le voyage d'Arcachon à Bordeaux pour l'expédition des affaires. Le mouvement prolongé des wagons lui était funeste; il ne le croyait pas. Il aimait autant son habitation d'Arcachon que ses devoirs de général de division, et il voulait concilier ses devoirs avec ses affections.

Son jeune fils était au collége de Bazas avec un enfant du colonel de gendarmerie de Bordeaux, avec lequel le général entretenait les meilleures relations. Le 1er février 1860, il va voir ces chers enfants, et, à son retour, il s'empresse d'aller porter des nouvelles au colonel. A dix heures du soir, quand il veut rentrer au quartier-général, il tombe dans l'escalier de la gendarmerie et se fracasse la figure. Il reste longtemps évanoui, et le brave colonel, dans la désolation, lui prodigue tous les soins de l'amitié. Tartas a repris ses sens, et quatre jours après, il a assez de force pour passer une grande revue. « Je la passerai au pas, dit-il à un de ses officiers. — Non, répondit celui-ci, vous êtes trop défiguré; il faut la passer au galop; vos blessures paraîtront beaucoup moins. » Il le fit, et tout cela ne hâtait pas sa guérison.

A la première nouvelle de cette chute terrible, M. le curé de Saint-André se hâta d'aller voir le général, qui l'aimait beaucoup. Et comme il s'appitoyait sur son sort : « Rassurez-vous, lui dit M. de Tartas, j'avais un voyage à faire, et, avant de partir, j'avais voulu régler mes comptes avec Dieu. »

Il partit, en effet, quelques jours après, pour accompagner à Paris Mme de Tartas. Il revint immédiatement à Bordeaux, pour repartir encore après avoir obtenu un congé de huit jours. Tartas était souffrant, et vainement ses amis le conjurèrent de ne pas augmenter ses douleurs par ces pénibles voyages. Il retourne à Paris et s'établit dans une maison empestée par la grippe. Le 19 février, il écrit à son frère la lettre suivante :

« MON CHER EUGÈNE,

« Merci de ta bonne lettre ; on retrouve partout ton bon cœur. L'accident que j'ai éprouvé pouvait être fort grave ; mais, grâce à Dieu et à ma forte constitution, j'ai pu, quatre jours après, passer la revue de la garnison de Bordeaux, quoique horriblement balafré. J'avais l'air de revenir de Magenta ou de Solférino. Je conserve et conserverai longtemps encore les traces de cette affreuse soirée. Maintenant je paie, avec tous les miens, un tribut à l'épidémie que l'on appelle grippe, et qui règne à Paris. La maladie n'est pas dangereuse, mais elle est bien fatigante. Je ne suis ici qu'en permission pour huit jours : continue à me donner des nouvelles du Mirail. »

La grippe n'était pas dangereuse, en effet, mais elle était mortelle quand elle dégénérait en fluxion de poitrine : ce fut le malheur qui survint pour le général. Il reçut ce coup de foudre en héros chrétien. Il n'attendit pas la dernière heure ; il profita d'un pieux anniversaire qu'on célébrait alors dans la famille, et reçut la sainte communion. Le 29 février, il reçoit le sacrement des mourants, et le télégraphe porte à ses frères, à Mézin, la nouvelle de la terrible catastrophe : « Tartas mort, fluxion de poitrine. Venez le chercher. » Avant de mourir, le général avait demandé que son corps fût transporté à Mézin, dans le caveau de sa famille, et qu'il passât à Bordeaux sans aucune cérémonie. Le char funèbre traversa lugubrement la France, et les restes du général furent provisoirement déposés dans une chapelle ardente de l'église de Mézin. Le jour et la nuit, jusqu'au moment de la sépulture, ces précieuses dépouilles ne cessèrent pas d'être l'objet de la vénération des Mézinois. Pendant deux jours, la ville en deuil arbora les drapeaux de la mort.

Le 6 février, la cérémonie funèbre fut présidée, au nom de Monseigneur, par M. Louis Bordes, son vicaire-général. M. le curé de Mézin prononça quelques paroles bien senties, qui laissèrent l'auditoire dans une profonde émotion. Après la cérémonie, le cortége s'achemina vers le cimetière, le deuil conduit par les frères du général. A la tête marchaient M. le préfet du département, le sous-préfet de Nérac et le maire de Mézin ; venaient ensuite MM. de Thouron, commandant d'état-major, aide-de-camp du général ; le capitaine de gendarmerie de Bordeaux, M. Thevet, dont j'ai parlé plusieurs fois ; le commandant de la gendarmerie du département, et le lieutenant Nogaret, ordonnance du général de Tournemine. Il n'y eut pas moins de cinq éloges funèbres sur la tombe qui venait de s'ouvrir, et l'on remarqua principalement ceux de M. le préfet et de M. de Thouron.

Le 8 mars suivant, Bordeaux, dont les manifestations avaient été comprimées par la modestie du général mourant, voulut cependant lui payer le tribut de ses hommages et de ses unanimes regrets. Un service solennel fut célébré à la métropole pour le repos de son âme. M. le curé de Saint-André prononça une allocution parfaitement sentie. Il s'appliqua à prouver à son auditoire, que la basilique pouvait à peine contenir, combien M. de Tartas était aimé de Dieu et des hommes. Militaires, magistrats, aristocratie, hommes du peuple, de toutes les conditions et de tous les partis, étaient là pour confondre leurs regrets envers celui qui avait si bien rallié tous les cœurs. Dans un moment d'élévation, l'orateur s'adressant à toutes ces opinions, ces conditions diverses, leur dit que, sans le respect dû au lieu saint, un cri s'échapperait de toutes ces poitrines, pour proclamer que Tartas fut vraiment aimé des hommes. Il se réserva le soin de prouver lui-même combien le général, par les ardeurs de sa foi et les pratiques de sa religion, était aimé de Dieu. Il rappela aux Bordelais ces beaux jours d'édification où ils voyaient le lieutenant-général se mêler à la foule et s'asseoir avec elle à la table-sainte ; et puis il leur fit une révélation intime : il leur raconta sa visite à M. de Tartas après l'accident funeste du 1er février, et comment le général se trouvait dès-lors prêt à paraître devant Dieu.

Voilà le héros que la France a perdu, le chrétien que le Ciel a gagné, l'homme vertueux que sa famille, que ses amis pleurent, le guerrier que ses compagnons d'armes n'oublieront jamais, et que l'Afrique regrettera toujours. Tartas ne meurt pas tout entier ; il laisse à la France un héritier de son nom et de sa gloire, à la religion, un imitateur de sa piété et de ses vertus.

Fernand DE TARTAS, recueillez avec respect ce précieux héritage que vous a légué votre père, et daignez accepter le conseil que vous adresse le meilleur de ses amis. N'oubliez jamais que la gloire est un vain nom, si la piété ne la relève et ne lui prête sa grandeur. Si la France vous appelle, vous servirez la France en servant votre Dieu ; s'il faut affronter la chance des combats, vous ceindrez l'épée des Tartas que votre père a portée si haut ; et, **si vous triomphez du sort, vous serez Marcellus.**

TABLE DES MATIÈRES.

Agen, Imprimerie de Prosper Noubel.

9 782012 686762